INTRODUCTION TO ENGLISH LANGUAGE LEARNING STRATEGIES FOR KOREAN LEARNERS

박수정 지음

HANYANG UNIVERSITY PRESS

Preface

필자가 처음으로 영어를 접한 때는 텔레비전 화면 속 미국 배우들의 열연을 우연히 보게 되면서이다. 필자는 '국민학교'를 다녔기 때문에 그 당시 필자가 접할 수 있었던 텔레비전의 영어 채널은 AFKN이 전부였던 시절이다. 배우들의 심각한 표정을 보면서 '무슨 이야기를 저렇게 심각하게 하지?'라는 궁금증이 생겼고, 이 진심 어린 호기심이 필자가 영어에 관심을 가지게 된 계기가 되었다.

필자의 경험을 외국어 습득 이론에 적용해 본다면, 필자는 외국어 습득 목적을 달성함에 있어 굉장히 유리한 종류의 동기인 '내재적 동기'로 인해 영어 공부에 입문한 셈이 된다. 즉 학점을 잘 따기 위해, 취업을 잘 하기 위해서가 아닌, 그저 그들이 무슨 이야기를 하는지 알고 싶어서 영어에 입문한 것이다. 따라서 학창 시절 그 누구보다 즐겁게 영어를 공부하였고, 영어에 투자한 시간도 길었으며, 결과적으로 영어 공부의 개인적인 노하우를 쌓을 수 있게 되었다. 대학을 마치고 간 유학생활은 외국어 습득의 학문적 이론도 함께 닦을 수 있는 좋은 시간이 되었다.

하지만 많은 수의 한국인 학습자들은 필자와는 다른 동기로 영어 공부를 하는 경우가 많을 것이다. 즉 오늘날의 한국 사회는 영어가 필수인 시대로 영어가 싫어도 울며 겨자 먹기로 영어를 공부해야 하는 사람들이 많다. 동시에 오랜 시간 영어에 투자를 했음에도 아직 영어에 능숙하지 못한 사람들 또한 많다. 이는 바로 이제껏 영어를 효과적으로 공부하지 못했음을 증명하는 것이 아닐까 생각한다.

실례로 필자는 현재 대학교의 영어학과에 재직 중인데, 입시원서를 내는 지원자들의 글에서 특히 앞으로의 학습 계획을 서술해 놓은 부분에서 '하루에 영 단어 X개 이상 외우기'란 내용을 종종 보게 된다. 즉 대다수의 한국인 학습자들에게 단어 공부는 의미를 익히는 것으로 인식함을 알 수 있다. 하지만 이는 굉장히 소극적이고 비효율적인 어휘 학습법이다. 단어 공부란 단어의 의미를 아는 것에 제한되는 것이 아니라 소리는 어떻게 나며, 강세는 어디에 가며, 어떤 부분들로 이루어져 있고, 어떤 다른 단어들과 잘 어울리며, 문장에서의 사용법은 어떠하며, 그리고 어떤 뉘앙스가 느껴지는 단어인지 등을 함께 학습해야 영어를 효과적으로 학습하는 것이라 할 수 있다.

이 책에서는 이러한 서로 연결되는 통합적인 접근법을 통해 한국인 학습자들을 대상으로 효과적인 영어 학습 방법을 소개하고자 한다. 구체적으로 한국어와 영어의 언어적, 문화적 차이 및 품사별 동사 학습법, 명사 학습법, 형용사 학습법, 전치사 학습법 등을 소개하고 이를 사전을 활용해 공부하는 방법을 제시하고 있다. 또한 문장을 만들 때와 문장을 해석할 때 활용할 수 있는 원리 및 전략을 다루고, 마지막으로 서로 이어진 하나의 글을 논리적으로 전달하는 방법 등을 소개한다.

영어 공부를 어떻게 시작해야 할지 모르는 학습자들에게 이 책이 도움이 되기를 희망한다. 마지막으로 급한 일정에도 불구하고 편집 및 제작에 힘써주신 한양대학교 출판부에 감사의 말씀을 드린다.

Contents

Visiting the HYCU Campus for the First Time

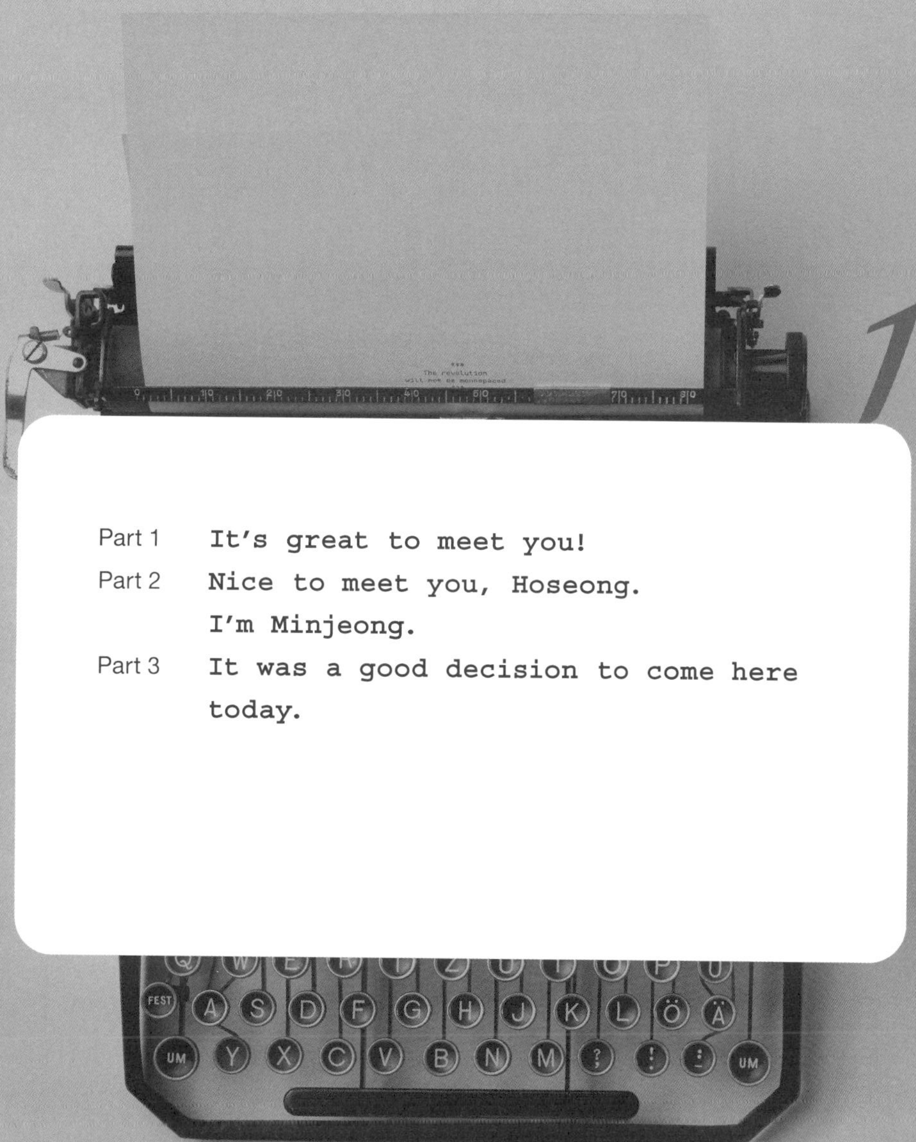

1

Part 1	It's great to meet you!
Part 2	Nice to meet you, Hoseong. I'm Minjeong.
Part 3	It was a good decision to come here today.

영어학습전략

1 한국어를 영어로 표현할 때 1:1(단어 대 단어) 번역을 피하라 : 콩글리시가 된다.

2 어휘 학습법 :

❶ 원어민이 사용하는 다양한 어휘에 노출되자.

❷ 어휘의 성격을 파악하라 : 한 개 어휘로, 여러 어휘의 뭉치로, 또는 의사소통을 위한 기능적 표현으로 익히자.

3 한국어와 영어의 차이를 이해하자 : 영어는 관사가 존재한다.

4 반고정청크로 학습하자 : 거의 무제한으로 문장을 만들어 낼 수 있다.

Dialogue

Man	(Talking to himself) Hmm...Where is it?	▸ (혼잣말을 하며) 음... 거기가 어디더라?
	What was the name of that building?	▸ 그 건물의 이름이 뭐였더라?
Woman	Excuse me.	▸ 실례합니다.
	You seem lost. Can I help you?	▸ 길을 잃어버리신 것 같은데요. 도와드릴까요?
Man	Yes, please!	▸ 네 도와 주세요.
	I'm heading to the HYCU Entrance Ceremony.	▸ HYCU 입학식에 가고 있는 중인데요.
	But I don't know where it is, exactly.	▸ 그런데 입학식이 어디에서 하는지는 정확히 모르겠어요.
Woman	I know where it is.	▸ 저는 어디에서 하는지 알아요.
	Actually, I'm on my way there, too.	▸ 사실 저도 그곳에 가고 있는 중이거든요.
	You can just go with me.	▸ 저랑 같이 가시면 됩니다.
	By the way, are you a new student?	▸ 그런데 신입생(또는 새로 들어온 편입생)인가요?
Man	Yes. I'm majoring in English.	▸ 네. 저는 영어를 전공하고 있어요.
Woman	Oh, what a coincidence!	▸ 이런 우연이 다 있네요!
	My name's Rachel Kim.	▸ 저는 Rachel Kim이라고 합니다.
	I'm one of the professors in the English Department.	▸ 영어학과 교수님들 중 한 명입니다.
Man	Really? It's great to meet you!	▸ 정말요? 만나서 반갑습니다.
	I'm Hoseong Lee.	▸ 저는 이호성이라고 합니다.
Woman	Good to meet you, Hoseong.	▸ 만나서 반가워요. 호성(학생).

전략 1 한국어를 영어로 표현할 때 1:1 (단어 대 단어) 번역을 피하라 **콩글리쉬가 된다.**

[Woman : Excuse me. **You seem lost**. Can I help you?]

lost = (형용사) 길을 잃은

문장 예시

길을 잃어버리신 것 같네요.

= You seem **lost**.

좀 늦었습니다. 오다가 길을 잃었거든요.

= Sorry, I'm late. I **was/got lost** on my way here.

(당신은) ~ 같네요 = You seem + **형용사**

문장 예시

바쁘신 것 같네요. = **You seem** busy.

피곤하신 것 같네요. = **You seem** tired.

실망하신 것 같네요. = **You seem** disappointed.

전략 2 어휘 학습법 **❶ 원어민이 사용하는 다양한 어휘에 노출되자.**

[Man : I'm **head**ing **to** the HYCU Entrance Ceremony.]

문장 예시

한양사이버대 입학식에 가고 있어요.

= I'm **go**ing **to** the HYCU Entrance Ceremony.

= I'm **head**ing **to** the HYCU Entrance Ceremony.

= I'm **headed to** the HYCU Entrance Ceremony.

[Woman : Actually, I'm **on my way** there, too.]

문장 예시　사실은 저도 거기에 가고 있거든요.

= Actually, I'm **go**ing there, too.

= Actually, I'm **on my way** there, too.

Way를 사용한 유용한 표현들

문장 예시　**가는 방향이 같네요.** 태워 드릴게요.

= I'm **go**ing **your way**. I'll give you a ride.

지하철역까지 태워 드릴께요. **가는 길이거든요.** (=둘러서 가는 거 아니에요)

= I'll give you a ride to the subway station. It's **not out of my way**.

어휘 학습법　❷ 어휘의 성격을 파악하라 : 한 개 어휘로, 여러 어휘의 뭉치로, 또는 의사소통을 위한 기능적 표현으로 익히자.

[Woman : I'm one of **the professors** in **the English Department**.]

한 개 어휘로 학습

professor = 교수　　　department = 학과

[Man : I'm **major**ing **in** English.]

여러 어휘의 뭉치로 학습

major in ~ = ~를 전공하다　　　the English Department = 영어학과

[Man: **Excuse me.** You seem lost. **Can I help you?**]

의사소통을 위한 기능적 표현으로 학습

Excuse me. = 실례합니다, 저기요

Can I help you? = 도와 드릴까요?

전략 3 **한국어와 영어의 차이를 이해하자** **영어에는 관사가 존재한다.**

[Woman: By the way, are you **a new student**?]

저는 **학생**입니다. I'm **student**. **(X)**

I'm **a student**. **(O)**

A student → '학생' 이라는 카테고리에 속한 수많은 학생들 중 한 명

신입생이세요? Are you **new student**? **(X)**

Are you **a new student**? **(O)**

A new student → '신입생' 이라는 카테고리에 속한 수많은 신입생들 중 한 명

전략 4 **반고정청크로 학습하자** **거의 무제한으로 문장을 만들어 낼 수 있다.**

[Man: **It's** great **to meet you**! I'm Hoseong Lee.
Woman: Good **to meet you**, Hoseong.]

반고정청크란? 변형요소를 넣어 다양한 문장을 만들 수 있는 기준이 되는 덩어리

It's (형용사) to meet you.

문장 예시

It's (great) **to meet you.**

It's (nice) **to meet you.**

It's (good) **to meet you.**

I'm (great / good / nice) **to meet you.** (X)

I'm (glad / pleased) **to meet you.** (O) → **I'm** (형용사) **to meet you.**

(형용사) to meet you.

문장 예시

(Great / Good / Nice) **to meet you.**

(Glad / Pleased) **to meet you.**

It is (관사 + 명사) to host you today.

문장 예시

오늘 여러분을 모시게 되어 기쁘게 생각합니다.

= **It is** (a pleasure) **to host you today.**

오늘 여러분을 모시게 되어 영광입니다.

= **It is** (an honor) **to host you today.**

It's a pleasure to (동사) you.

문장 예시

당신을 만나게 되어 기쁩니다. = **It's a pleasure to** (meet) **you.**

외국어는 반복연습이다 : 다음 의미를 영어로 표현할 수 있나요?

1 실례합니다. 길을 잃어버리신 것 같네요. 도와 드릴까요?

= Excuse me. You seem lost. Can I help you?

2 저는 영어를 전공하고 있어요. *= I'm majoring in English.*

3 이런 우연의 일치가 있나요! *= Oh, what a coincidence!*

영어학습전략

1 한국과 영어권 문화의 차이를 이해하자 : 개인주의 문화에서 성은 그리 중요하지 않다.

2 어휘 학습법 : 접사를 활용하여 덜 외우고 더 오래 기억하자.

3 항상 같은 규칙이 적용되지는 않는다 : 명사 앞에 관사가 사용되지 않을 수도 있다.

Dialogue

Woman	Hi, are you a new student, too?	▸ 안녕하세요. 당신도 새로 들어온 학생인가요?
Man	Yes, I am. I'm Hoseong.	▸ 네, 맞아요. 저는 호성이라고 합니다.
Woman	Nice to meet you, Hoseong. I'm Minjeong.	▸ 만나서 반가워요. 호성씨. 저는 민정이라고 해요.
Man	Nice to meet you, too, Minjeong.	▸ 저도 만나서 반가워요. 민정씨.
Woman	Are you a freshman?	▸ 1학년이세요?
Man	No, I'm a junior. I transferred here.	▸ 아니오, 3학년이에요. 이 대학으로 편입했거든요.
	What about you?	▸ 민정씨는요?
Woman	I'm a freshman. I just graduated from high school.	▸ 저는 1학년이에요. 고등학교를 갓 졸업했어요.

전략 1 **한국과 영어권 문화의 차이를 이해하자** **개인주의 문화에서 성은 중요하지 않다.**

[Man: **I'm Hoseong.**
Woman: Nice to meet you, Hoseong. **I'm Minjeong.**]

나를 소개할 때

한국 문화

성 + 이름

김민정 (집단주의 문화)

격식 + 비격식

제 이름은 **김민정**입니다. (성 + 이름)

영어권 문화

이름 + 성

Minjeong Kim (개인주의 문화)

격식

My name is **Minjeong Kim**. (이름 + 성)

비격식

I'm **Minjeong**. (이름)

격식적인 상황 (이름 + 성)

Job Interview (취업면접)

My name is **Minjeong Kim**. (이름 + 성)

회사 거래처 직원에게

My name is **Minjeong Kim**. (이름 + 성)

비격식적인 상황 (이름)

취업 후 (직급이 동일한) 직장 동료에게

I'm **Minjeong**. (이름)

Part 1 대화에 나온 격식적인 상황

[Woman: **My name's Rachel Kim.** I'm one of the professors in the English Department.
Man: Really? It's great to meet you! **I'm Hoseong Lee.**]

(상황) 교수와 학생간 대화, 처음 만남의 자리 → 격식적인 상황 → (이름 + 성) 소개

전략 2 **어휘 학습법** **접사를 활용하여 덜 외우고 더 오래 기억하자.**

접사란? 붙는 말 → 뿌리가 되는 어휘의 앞, 뒤로 붙는 말

앞에 붙으면 → 접두사, 뒤에 붙으면 → 접미사

[Man : No, I'm a junior. I **transferred** here. What about you?]

Transfer = **Trans- ('이동' : 접두사)** + fer

= ~로 전근 가다, (교통편을) 갈아타다, (전화를) 돌려주다, 연결해주다

문장 예시

2호선을 타고 가다가 시청에서 1호선으로 **환승하세요**.

= Take line 2 and **transfer to** line 1 at City Hall.*

Trans- **가 사용된 다른 어휘**

문장 예시

Can you **translate** this document into English?

= 이 문서를 영어로 번역 가능하세요?

* 추가예시: (회사에서) 전화 돌려 드리겠습니다. 잠시만 기다려 주세요.
= Let me **transfer** your call. Hold on a second, please.

전략 3 **항상 같은 규칙이 적용되지는 않는다** **상황에 따라 명사 앞에 관사가 사용되지 않을 수도 있다.**

[Woman : I'm **a freshman**. I just graduated from **high school**.]

A freshman → '1학년' 이라는 카테고리에 속한 여러 1학년 중 한 명

High school → '(고등학교) 건물' 이 아닌 '(고등학교) 학업' 을 뜻할 때는 관사 필요 없음

학교에 다니다 = Go to school

문장 예시 오늘 학교에 안 갔어. = I didn't **go to school** today.

대학에 진학하다 = Go to college 대학에서 (~을 공부하다) = In college

문장 예시 저는 대학에서 영어를 공부하고 있어요. = I'm studying English **in college**.

교회에 예배하러 가다 = Go to church

문장 예시 일요일에는 보통 교회에 예배하러 가요. = On Sundays, I usually **go to church**.

외국어는 반복연습이다 : 다음 의미를 영어로 표현할 수 있나요?

1 호성씨 만나서 반가워요. 저는 (이름)입니다. (자신의 이름을 넣어서 표현해 보세요)
= Nice to meet you, Hoseong. I'm Minjeong.

2 1학년이세요? *= Are you a freshman?*

3 저는 이제 막 고등학교를 졸업했어요. *= I just graduated from high school.*

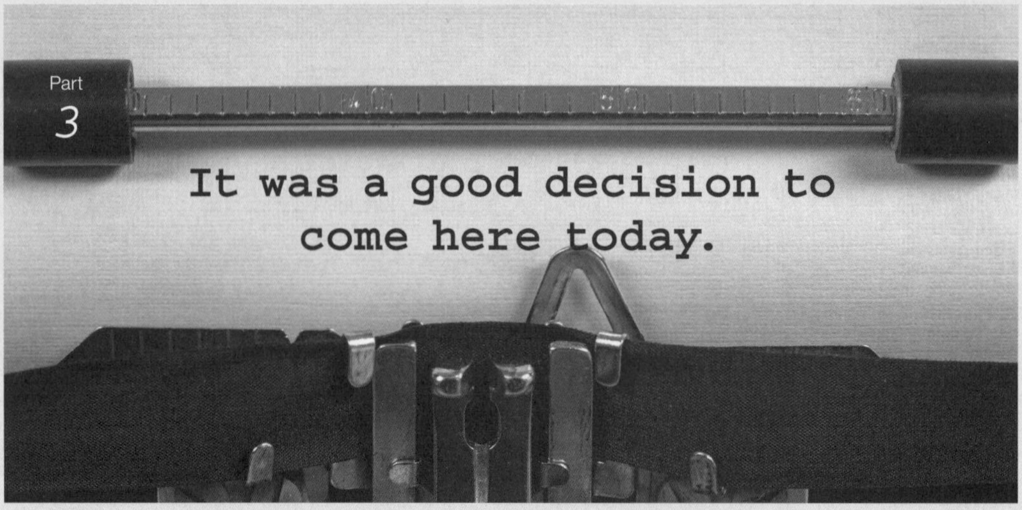

Part 3

It was a good decision to come here today.

영어학습전략

1 한국어와 영어의 차이를 이해하자 : 영어는 주어가 긴 것을 좋아하지 않는다.

2 어휘 학습법 :

❶ 항상 문장으로 공부하자 : 어휘는 문장을 만들기 위해서 즉, 의사소통하기 위해서 배우는 것이다.

❷ 어휘의 의미는 그 어휘의 기본 의미와 연결시키자.

Dialogue

Man	Hey, Minyoung!	▸ 저기, 민영씨!
Woman	Actually, it's Minjeong.	▸ 사실은 민정이에요.
Man	Oh sorry! My bad!	▸ 아, 미안해요! 제 실수예요.
	I was thinking it was a good decision to come here today.	▸ 저는 오늘 여기에 온 게 잘한 결정이었다는 생각을 하고 있었어요.
	I got to meet some professors, you, and other students.	▸ 몇몇 교수님들과 민정씨, 그리고 다른 학생들도 만났잖아요.
	Hope we meet again at an offline event.	▸ 오프라인 행사에서 다시 뵙길 바래요.
Woman	Sure, me too. I'm looking forward to the first one.	▸ 물론이죠, 저도요. 첫 번째 행사가 기대되네요.
	It was nice meeting you, too.	▸ 만나서 반가웠습니다.
Man	Thanks. Oh, by the way, do you want to exchange phone numbers?	▸ 고맙습니다. 근데요, 전화번호 교환할래요?
Woman	Sure. Mine is 010-2714-3568.	▸ 네. 제 번호는 010-2714-3568입니다.
Man	(전화기에 번호를 누른다) 010-2714-, sorry, I didn't catch the last digits.	▸ 010-2714-, 죄송해요. 마지막 숫자(번호)를 못 알아 들었어요.
Woman	3568.	▸ 3568.
Man	3568. (번호를 누르자 전화 울림)	▸ 3568.
Woman	You got it, and now I have your number.	▸ 네, 맞아요. 이제 호성씨 번호도 알게 되었네요.
	OK, then, I'll see you next time.	▸ 그러면 다음에 만나요.
	Have a great rest of the day.	▸ 오늘 (남은) 하루 잘 보내시고요.
Man	You, too.	▸ 민정씨도요.

전략 1 **한국어와 영어의 차이를 이해하자** **영어는 주어가 긴 것을 좋아하지 않는다.***

[Man : I was thinking **it was a good decision to come here today**.]

(한국식) To come here today was a good decision.

오늘 여기 온 건 (주어)

(영어식) **(It)** was a good decision to come here today.

오늘 여기 온 건 (주어)

It → 긴 주어를 대체하는 역할 + '그것'으로 해석하지 않음

전략 2 **어휘 학습법** **❶ 항상 문장으로 마무리하자 : 어휘는 문장을 만들기 위해서, 즉 의사소통하기 위해서 배우는 것임을 잊지 말자.**

[Man : I **got to** meet some professors, you, and other students.]

Get to 동사 = ~할 기회를 갖다

문장 예시

I **got to** meet some professors. = 몇몇 교수님들을 만나 뵐 수 있었어요.

그럼 우리 매일 볼 수 있는 거야? = So we **get to** see each other every day?

나 오늘 시운전해 봤어. = I **got to** test-drive today.

* 물론 언어형태와 다른 이유들로 인해 주어가 긴 경우도 있음. 위의 경우는 'to 동사'의 형태가 사용된 경우로, 이런 형태는 it을 가져와서 문장 앞에 위치시키는 경향이 강함

어휘 학습법 ❷ **익혀야 하는 어휘의 의미는 기본 의미와 연결시키자.**

[Man : I didn't **catch** the last digits.]

Catch의 기본의미 = (움직이는 물체를) 잡다, 받다

Catch의 다른 (확장된) 의미 = 듣다, 알아듣다, 이해하다 (비격식적 뉘앙스)

문장 예시

저 공 잡아! = **Catch that ball**!

미안해요. 이름을 못 알아 들었어요. = Sorry. I didn't **catch your name**.

죄송한데 마지막 부분을 못 알아 들었어요.

= I'm sorry. I didn't **catch that last part**.

외국어는 반복연습이다 : 다음 의미를 영어로 표현할 수 있나요?

1 아, 미안해요. 제 실수예요! = *Oh sorry! My bad!*

2 죄송한데 마지막 부분을 못 알아 들었어요. = *I'm sorry. I didn't catch that last part.*

3 저도 만나서 반가웠어요. = *It was nice meeting you, too.*

Visiting the HYCU Campus for the First Time

대화 1

Man	(Talking to himself) Hmm...Where is it? What was the name of that building?
Woman	Excuse me. You seem lost. Can I help you?
Man	Yes, please! I'm heading to the HYCU Entrance Ceremony. But I don't know where it is, exactly.
Woman	I know where it is. Actually, I'm on my way there, too. You can just go with me. By the way, are you a new student?
Man	Yes. I'm majoring in English.
Woman	Oh, what a coincidence! My name's Rachel Kim. I'm one of the professors in the English Department.
Man	Really? It's great to meet you! I'm Hoseong Lee.
Woman	Good to meet you, Hoseong.

대화 2

Woman	Hi, are you a new student, too?
Man	Yes, I am. I'm Hoseong.
Woman	Nice to meet you, Hoseong. I'm Minjeong.
Man	Nice to meet you, too, Minjeong.
Woman	Are you a freshman?
Man	No, I'm a junior. I transferred here. What about you?
Woman	I'm a freshman. I just graduated from high school.

대화 3

Man	Hey, Minyoung!
Woman	Actually, it's Minjeong.
Man	Oh sorry! My bad! I was thinking it was a good decision to come here today. I got to meet some professors, you, and other students. Hope we meet again at an offline event.
Woman	Sure, me too. I'm looking forward to the first one. It was nice meeting you, too.
Man	Thanks. Oh, by the way, do you want to exchange phone numbers?
Woman	Surc. Mine is 010-2714-3568.
Man	(전화기에 번호를 누른다) 010-2714-, sorry, I didn't catch the last digits.
Woman	3568.
Man	3568. (번호를 누르자 전화 울림)
Woman	You got it, and now I have your number. OK, then, I'll see you next time. Have a great rest of the day.
Man	You, too.

Interview with HYCU New Students [1]

2

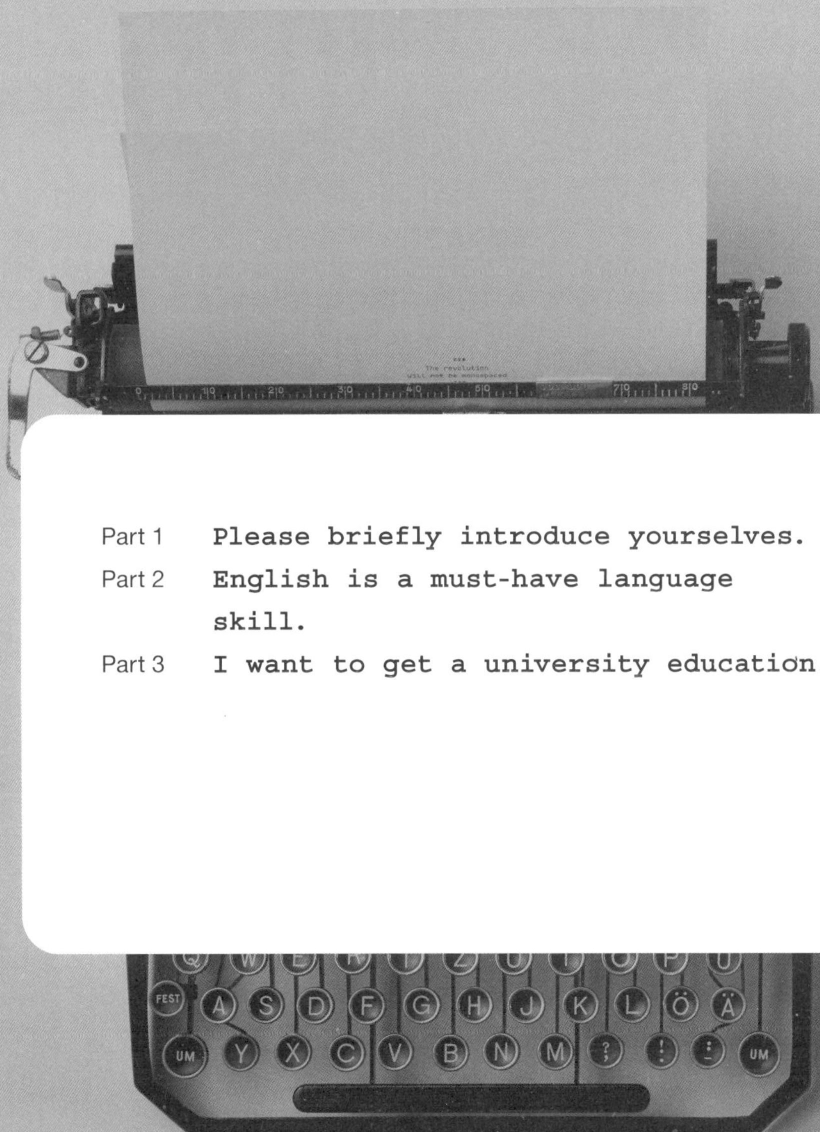

Part 1 Please briefly introduce yourselves.

Part 2 English is a must-have language skill.

Part 3 I want to get a university education.

영어학습전략

1 동사 학습법 :
❶ 동사가 사용되는 패턴을 익히자.
❷ 동사는 규칙 동사와 불규칙 동사로 구분하자.

2 2개 동사 연결법 : 한국어 어순을 기준으로 마지막에 위치하는 동사가 기준 패턴이 된다.

3 반고정청크로 학습하자 : 거의 무제한의 문장생성이 가능하다.

4 명사 학습법 : 명사와 함께 사용되는 전치사도 익히자.

5 정확성과 적절성을 구별하자 : 문법적으로 정확해도 상황에 따라 무례한 표현이 될 수 있다.

I n t e r v i e w e r

Hello, it is a great pleasure to meet you all.

First, I'd like to congratulate you on your admission to Hanyang Cyber University.

Please briefly introduce yourselves.

Then tell us why you decided to major in English.

▸ 안녕하세요. 여러분 모두 만나서 반갑습니다.

▸ 먼저 한양사이버대학교 입학을 축하 드립니다.

▸ 간단히 자기 소개 부탁 드립니다.

▸ 그런 다음 왜 영어를 전공하기로 결정하셨는지 말씀해 주세요.

전략 1 **동사 학습법** ❶ **동사가 사용되는 패턴을 익히자.**

[I'd like to **congratulate you on your admission.**]

여러분의 입학을 축하 드립니다. = I'd like to **congratulate your admission**. (X)

Congratulate의 패턴 = Congratulate **사람** on **축하할 것**

I'd like to **congratulate you on your admission**. (O)

사전 활용 **Congratulate**

타동사 = 동사 뒤에 **목적어**가 반드시 와야 하는 동사

목적어 = 우리나라 말로 **'~을, ~를'**로 해석되는 어휘

[Please briefly **introduce yourselves.**]

내가 **나에 대해** 소개하다 = Introduce **about me** (X)

사람을 소개할 때 Introduce의 패턴 = Introduce **사람** (전치사 about이 필요 없음)

사전 활용 **Introduce**

내가 **나에 대해 (=내 자신에 대해)** 소개하다 = Introduce **me** (X) Introduce **myself** (O)

내가 다른 사람을 소개할 때 Introduce의 패턴 = Introduce **(다른) 사람**

내가 내 자신을 소개할 때 Introduce의 패턴 = Introduce **myself**

문장 예시 저에 대해 소개하겠습니다. = **Let me** introduce myself.

[Please briefly **introduce yourselves.**]

문장 예시

(한 명에게) 본인 소개 바랍니다.

Please **introduce yourself**. (O)

Please introduce **you**. (X)

(여러 명에게) 여러분들 본인 소개 바랍니다.

Please **introduce yourselves**. (f → ves)

동사 학습법 ❷ 동사는 규칙 동사와 불규칙 동사로 구분하자.

[Then tell us why you **decided** to major in English.]

규칙 동사 → 과거형이 -ed로 끝나는 동사

want + **ed** = want**ed**

decid**e** + **d** = decid**ed**

1주차 학습내용

저는 여기로(=이 학교로) 편입했어요.

= ______________________

I transferred here.

transfe**r** + **red** = transfe**rred**

저는 막 고등학교를 졸업했어요.

= ______________________

I just graduated from high school.

graduat**e** + **d** = graduat**ed**

사전 활용 **Decide**

불규칙 동사 → 과거형이 -ed로 끝나지 않는 동사

1주차 학습내용 저 공 잡아! = **Catch** that ball!

나는 한 손으로 그 공을 **잡았다.** = I **caught** the ball with one hand.

사전 활용 **Catch**

(숨바꼭질 하다가 술래가) 찾았다/잡았다! = I **caught** you! (= I **found** you!)

(catch – **caught** / find – **found**)

1주차 학습내용

It'**s** great to meet you.	(It's = It is)
It **was** nice meeting you, too.	is (be동사) – **was**
I **got** to test-drive today.	get – **got**

전략 2 **2개 동사 연결법** **한국어 어순을 기준으로 마지막에 위치하는 동사를 기준 패턴으로 하자.**

[Then tell us why you **decided to major in** English.]

문장 예시

(나는) 영어를 **전공하기로 결정했어.**

= 영어를 전공하다 + **결정하다** major in English + **decide**

= I **decided to major in** English.

(나는) 그 일을 **하기로 결정했어.**

= 그 일을 하다 + **결정하다** take the job + **decide**

= I **decided to take** the job.

1주차 학습내용 전화 번호 교환하시길 **원하세요?** exchange + **want**

= Do you **want to exchange** phone numbers?

사전 활용 **Want**

전략 3 **반고정청크로 학습하자** 거의 무제한의 문장 생성이 가능하다.

[Then **tell us why** you decided to major in English.]

반고정청크 패턴 ❶ Tell **사람 (예 : us)** why 주어 + 동사

(인터뷰 진행자) 왜 영어를 전공하기로 했는지 **제게** 말씀해 주세요.

= Tell **me** why you decided to major in English.
(you decided: 주어 + 동사)

(엄마가 아이에게) 오늘 왜 학교에 안 갔는지 **내게** 말해봐.

= Tell **me** why you didn't go to school today.
(you didn't go: 주어 + 동사)

반고정청크 패턴 ❷ Tell 사람 **wh-word* (예 : why)** 주어 + 동사

(엄마가 아이에게) 오늘 **어디에** 있었는지 말해봐.

= Tell me **where** you were today.
(you were: 주어 + 동사)

* wh-word는 why, where, when, what과 같은 wh-로 시작하는 어휘들을 의미함

전략 4 **명사 학습법** **명사와 함께 사용되는 전치사도 익히자.**

[I'd like to congratulate you on **your admission to Hanyang Cyber University.**]

문장 예시 입학한 것을 축하합니다.

= I'd like to congratulate you on your admission.

한양사이버대학교**에** 입학한 것을 축하합니다.

→ Admission 패턴 = Admission + **to 장소**

→ **to** Hanyang Cyber University

사전 활용 **Admission**

'축하합니다'의 다른 표현 = **Congratulations on 명사!**

문장 예시 한양사이버대학교에 입학하신 것을 **축하 드립니다.**

= **Congratulations on** your admission **to** Hanyang Cyber University!

전략 5 **정확성과 적절성을 구별하자** **문법적으로 정확해도 상황에 따라 무례한 표현이 될 수 있다.**

[**Please** briefly introduce yourselves.]

문장 예시

Briefly introduce yourselves.

= 간단히 자기 소개를 해라.

→ 강압적인 명령의 느낌

Please briefly introduce yourselves.

= Briefly introduce yourselves, **please**.

= 간단히 자기 소개를 해 주세요.

→ 정중한 느낌

연습

전화기 무음으로 **해 주세요**. (silence = 조용히 하게 하다)

= **Please** silence your phone.

= Silence your phone, **please**.*

* 추가예시: 휴지 좀 건네 주세요.
= **Please** pass me some tissues. (또는) Pass me some tissues, **please**.

외국어는 반복연습이다 : 다음 의미를 영어로 표현할 수 있나요?

1 제 소개를 하겠습니다. = *Let me introduce myself.*

2 그 일을 하기로 결정했어. = *I decided to take the job.*

3 전화기 무음으로 해 주시기 바랍니다. = *Please silence your phone.* = *Silence your phone, please.*

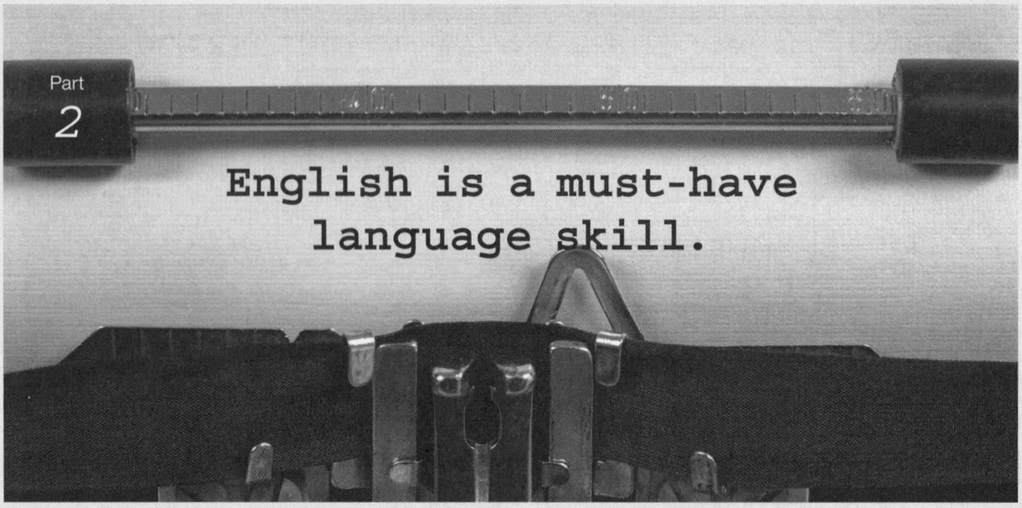

영어학습전략

1 명사 학습법 : 명사와 주로 사용되는 다른 어휘들도 함께 익히자. (동사, 형용사)

2 반고정청크로 학습하자 : 거의 무제한의 표현 생성이 가능하다.

3 어휘 학습법 : 새 어휘의 품사(접속사)를 알면 문장 생성이 쉬워진다. 문장 전체를 통째로 외우지 말고 원리를 먼저 이해하자.

4 한국어와 영어의 차이를 이해하자 : 영어는 대명사를 선호한다.

Interviewee 1

Hi. My name is Minjeong Kim.

Nice to meet you. I'm a freshman.

I just graduated from high school.

I haven't found* what I want to do with my life yet.

So I have a part-time job now.

But these days, since English is a must-have language skill, I decided to study it.

▸ 안녕하세요. 제 이름은 김민정입니다.

▸ 만나서 반갑습니다. 저는 1학년입니다.

▸ 저는 막 고등학교를 졸업했습니다.

▸ 저는 아직까지 제 인생에서 제가 무엇을 하고 싶은지 발견하지 못했습니다.

▸ 그래서 현재 저는 아르바이트를 하고 있습니다.

▸ 그러나 오늘날 영어는 필수 언어 스킬이기 때문에 영어를 공부하기로 결정했습니다.

---

* 'haven't found'는 '현재완료형'으로 'have + (동사의) 과거분사'의 형태를 가지며, 과거시점에 시작된 일, 상황이 현재에도 사실이거나 계속될 때 사용함

전략 1 **명사 학습법** **명사와 주로 사용되는 다른 어휘들도 함께 익히자.**

[I **have a** part-time **job** now.]

Job = 일, 직장, 일자리 (명사)

명사 Job과 함께 사용되는 동사들

예시

직업이 있다 = **have** a job

직장을 구하다 = **look for** a job

(어떤 일자리에) 지원하다 = **apply for** a job

직장을 얻다(취직하다) = **get / find** a job

(제의 받은) 일을 하기로 하다(받아들이다) = **take** a job

연습

저는 직업이 있어요.

= I **have a job**.

저는 직장을 구하고 있어요.

= I**'m looking for a job**. (현재진행형 = be동사 + 동사-ing)

1주차 학습내용

현재진행형이 사용된 다른 문장

I**'m** major**ing** in English.

= 저는 영어를 전공하고 있어요. (am + -ing = 현재진행형)

현재진행형 → Be 동사 + 동사-ing = 현재 진행중인 것을 나타내는 시제

그 직장에 지원하고 싶어요. = I **want to apply for** the job.

취직했어요! = I **got / found** a job!

[I have **a part-time job** now.]

명사 Job과 함께 쓰이는 형용사들

정규직 = a **full-time** job

시간제/아르바이트 직 = a **part-time** job

연습

저는 정규직의 일자리를 가지고 있어요.

= I **have a full-time job**.

저는 **맥도날드에서** 정규직으로 일해요.
(회사명)

= I have a full-time job **at McDonald's**.*

(또는) I **work full-time** at McDonald's.

저는 아르바이트를 하고 있어요.

= I **have a part-time job**.

저는 **맥도날드에서** 아르바이트로 일해요.
(회사명)

= I have a part-time job **at McDonald's**.

(또는) I **work part-time** at McDonald's.

---

* McDonald's restaurant를 줄여 쓴 표현임

전략 2 **반고정청크로 학습하자** **거의 무제한의 표현 생성이 가능하다.**

[English is a **must-have** language skill.]

Must – (동사) = 꼭 ~해야 하는 (형용사)

예시

고등학생이 **읽어야 하는** 필독서 100편

= 100 **must-read** books for high school students

꼭 가봐야 하는 서울 관광 명소 10곳

= 10 **must-visit** attractions in Seoul

죽기 전에 **꼭 봐야 하는** 영화 20편

= 20 **must-watch** movies before you die

한국 가면 **꼭 먹어야 하는** 한국 음식 20가지

= 20 **must-eat** Korean foods when you visit Korea

한국 가면 **꼭 알아야 하는** 여행 표현 30개

= 30 **must-know** travel phrases when you visit Korea*

* 추가예시: 여성에게 꼭 필요한 (=꼭 가지고 있어야 하는) 옷 아이템 10개
= 10 **must-have** clothing items for women

전략 3 **어휘 학습법** **새 어휘의 품사를 알면 문장 생성이 쉬워진다 : 문장 전체를 통째로 외우지 말고 원리를 먼저 이해하자.**

[**Since** English is a must-have language skill, I decided to study it.]

Since = ~ **때문에 (접속사)**

접속사란? (주어 + 동사) (주어 + 동사)를 연결해 주는 역할

→ **Since** 주어 + 동사, 주어 + 동사

English is (주어 + 동사) a must-have language skill. + I decided (주어 + 동사) to study it.

↑ **Since**

연습 (부모가 아이에게) 숙제 **다했으니깐** 놀아도 돼.

= **Since** you (주어) did (동사) your homework, you (주어) can play. (동사)

전략 4 한국어와 영어의 차이를 이해하자 영어는 대명사를 선호한다.

(한국어) **영어**는 필수 언어 스킬이어서 **영어**를 공부하기로 결정했어요. **(O)**

(영어) Since **English** is a must-have language skill, I decided to study **English**. **(X)**

→ Since **English** is a must-have language skill, I decided to study **it**. **(O)**

한국어 이야기 전개방식

어느 날 두 소년이 길을 걷다가 보석 가게 진열장 유리를 깨고 있는 **도둑**을 발견했다. **도둑**은 진열장 안에 있는 고급 시계들을 훔치고 있었다. 소년들이 "도둑이야!" 하고 소리를 지르자 **도둑**은 몸을 돌려 소년들을 보고는 급하게 달아나기 시작했다.

→ 한국어의 특징 : 하나의 주제로 계속 글이 이어지게 하기 위해 동일 어휘를 반복함

영어 이야기 전개방식

보석가게 진열장 유리를 깨고 있는 **도둑**을 발견했다. = **a thief (관사 + 명사)**

도둑은 진열장 안에 있는 고급시계들을 훔치고 있었다. = **he / she (대명사)**

도둑은 몸을 돌려 .... 급하게 달아나기 시작했다. = **he / she (대명사)**

→ 영어의 특징 : 동일 명사의 반복을 피하기 위해 대명사를 사용함

대명사란? It (그것), She (그녀), He (그)

반복을 피하기 위해 앞에 언급된 사물(것) 또는 사람을 다시 지칭하는 역할

외국어는 반복연습이다 : 다음 의미를 영어로 표현할 수 있나요?

1 저는 현재 아르바이트로 일하고 있어요. = *I have a part-time job now.*

2 저는 직장을 구하고 있어요. = *I'm looking for a job.*

3 요즘 영어는 필수 언어 능력이에요. = *These days, English is a must-have language skill.*

영어학습전략

1 명사 학습법 : 명사와 주로 사용되는 다른 어휘들도 함께 익히자. (동사, 전치사, 명사)

2 어휘 학습법 :

❶ 새 어휘의 의미 파악은 그 어휘가 사용된 주변 환경을 이용할 수 있다.

❷ 새 어휘의 품사(접속사)를 알면 문장 생성이 쉬워진다 : 문장 전체를 통째로 외우지 말고 원리를 먼저 이해하자.

Interviewee 2

Hello. I'm Junseok Park. I'm a freshman, too.

▸ 안녕하세요. 저는 박준석이라고 합니다. 저도 1학년입니다.

It's great to meet you.

▸ 만나서 반갑습니다.

Why do I want to study English?

▸ 왜 제가 영어를 공부하기를 원하냐구요?*

For one thing, I go on frequent business trips to the US.

▸ 우선 한 가지 이유는 저는 미국에 출장을 자주 다닙니다.

So I got interested in English.

▸ 그래서 영어에 관심이 생겼어요.

I want to express myself in English fluently.

▸ 저는 제 자신을 영어로 유창하게 표현하고 싶어요.

Also, after I graduated from high school, I joined my company and didn't attend college.

▸ 또한 고등학교를 졸업한 후 회사에 입사하여 대학을 다니지 않았습니다.

So, this time, I want to get a university education and a degree, as well.

▸ 그래서 이번에 대학교육을 받고 학위도 받고 싶습니다.

---

* 의문문 만들기 :
I want to study English.
(=나는 영어를 공부하기를 원한다.)
→ **Do I want** to study English?
→ **Why do I want** to study English?

전략 1 **명사 학습법** **명사와 주로 사용되는 다른 어휘들도 함께 익히자.**

[I **go on** frequent **business trips to** the US.]

Trip = 여행 (명사)

→ Trip과 친한 동사 + Trip과 친한 전치사 + Trip과 친한 명사

Trip과 친한 동사

여행을 가다 = **go on** a trip / **take** a trip

가게 등에 잠깐 다녀오다 = **make** a trip

여행 중이다 = **be on** a trip (be = be 동사 : am, is, are)

Trip과 친한 전치사

a trip **to** 장소 = ~ **로** 가는 여행

Trip과 친한 명사

(일 관계로) 출장 = a **business** trip

당일치기 여행 = a **day** trip

왕복여행 = a **round** trip

연습 저는 미국으로 출장을 자주 다닙니다.

= I **go on** frequent **business trips to** the US.

= I **take** frequent **business trips to** the US.

이번 여름에 프랑스로 **여행 다녀왔어요.**

= This summer, I **went on a trip to** France.

= This summer, I **took a trip to** France.

저는 현재 미국 출장 중입니다.

= I'm **on a business trip to** the US now.

우유가 떨어져서 가게에 **다녀왔어요.**

= I **ran out of** milk, so I **made a trip to** the store.

전략 2 **어휘 학습법** **❶ 새 어휘의 의미 파악은 그 어휘가 사용된 주변 환경을 이용하자.**

[I want to **get a university education** and **a degree**.]

Get + **명사 = (특별한 노력 없이) ~을 받다**

문장 예시

(문자에 대한 답이 없는 상황) 너 어제 내 문자 받았어?

= Did you **get my text** yesterday?

(아버지가) 생일 선물로 벨트를 받고 싶네.

= I want to **get a belt** for my birthday.

Get + **명사 = (~을 노력해서) 구하다, (~을 노력해서) 얻다**

문장 예시

드디어 취직했어요! (노력해서 된 상황) = I finally **got a job**!

그 식당 예약했어요! (노력해서 된 상황) = I **got a reservation** at that restaurant!

(또는) I **made a reservation** at that restaurant!

I want to **get a university education** and **a degree**.

= 대학 교육과 학위를 받고 싶어요. (노력해야 대학 교육과 학위를 받을 수 있음)

[I **got interested** in English. (interested : 형용사)]

Get + 형용사 = (어떤 상태가) 되다

문장 예시

배가 고파오네.

= I'**m getting hungry**. (hungry : 형용사, am getting : 현재진행형)

커피가 식어가고 있어.

= My coffee **is getting cold**. (cold : 형용사, is getting : 현재진행형)

사전 활용 **Get**

어휘 학습법 ❷ 새 어휘의 품사를 알면 문장 생성이 쉬워진다 : 문장 전체를 통째로 외우지 말고 원리를 먼저 이해하자.

[**After** I graduated from high school, I joined my company and didn't attend college.]

After = ~ 후에 (접속사)

접속사란? (주어 + 동사) (주어 + 동사)를 연결해 주는 역할

→ **After** 주어 + 동사, 주어 + 동사

After I graduated (주어 + 동사) from high school, I joined (주어 + 동사) my company.

↑ 접속사 : 2개의 아이디어를 연결하는 역할

외국어는 반복연습이다 : 다음 의미를 영어로 표현할 수 있나요?

1 제가 왜 영어를 공부하길 원하냐고요? = *Why do I want to study English?*

2 영어에 관심이 생겼어요. = *I got interested in English.*

3 고등학교를 졸업한 후에 회사에 입사했어요.

= *After I graduated from high school, I joined my company.*

Interview with HYCU New Students [2]

3

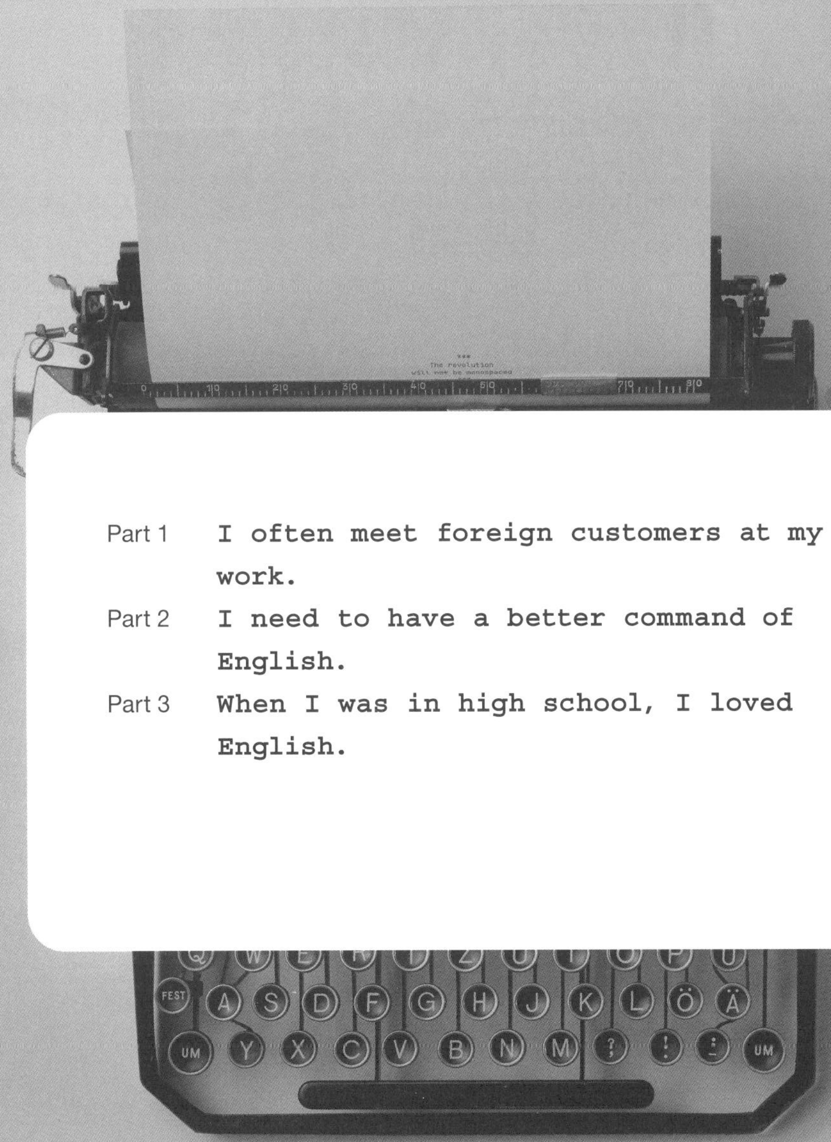

Part 1 I often meet foreign customers at my work.

Part 2 I need to have a better command of English.

Part 3 When I was in high school, I loved English.

Part 1

I often meet foreign customers at my work.

영어학습전략

1 한국어와 영어의 차이를 이해하자 :

❶ 영어 문장의 어순은 [주어 + 동사 (+ 목적어)]이다.

❷ 영어는 전치사가 존재한다.

❸ 영어는 주어에 따라 동사가 변한다.

2 어휘 학습법 :

❶ 접사를 이용하여 어휘를 나누자 : 쉽게 익히고 오래 기억할 수 있다.

❷ 여러 어휘의 뭉치로 익히자 : 정확한 해석이 가능하다.

❸ 어휘를 학습할 때 품사도 반드시 확인하자 : 실수를 피할 수 있다.

❹ 새로운 의미의 어휘는 기본 의미와 연결시켜 익히자.

Interviewee 3

Hi everyone. I'm Sumin Oh.

▸ 안녕하세요 여러분. 저는 오수민이라고 합니다.

I'm a sophomore.

▸ 저는 2학년입니다.

It's good to meet you.

▸ 만나서 반갑습니다.

I'm a sales manager at a department store in Seoul.

▸ 저는 서울에 있는 백화점 영업부의 책임자입니다.

Unlike Mr. Park, I don't have to go abroad.

▸ 박준석씨와는 다르게 저는 해외에 나갈 필요는 없습니다.

But I often meet foreign customers at my work.

▸ 그러나 저는 직장에서 종종 외국인 고객들을 만납니다.

And when they speak English, my mind goes completely blank.

▸ 그리고 그들이 영어를 할 때 제 머리 속은 하얘집니다.

I want to improve my English to meet their needs better.

▸ 저는 외국 손님들의 요구를 더 만족시킬 수 있도록 영어실력을 향상시키고 싶습니다.

전략 1 **한국어와 영어의 차이를 이해하자 ❶ 영어 문장의 어순은 [주어 + 동사 (+ 목적어)]이다.**

[I often **meet foreign customers** at my work.]

(영어 어순)	I	meet	foreign customers.
	(주어)	**(동사)***	**(목적어)**
(한국어 어순)	저는	외국 고객들을	만납니다.
	(주어)	**(목적어)**	**(동사)**

한국어와 영어의 차이를 이해하자 ❷ 영어는 전치사가 존재한다.

[I often meet foreign customers **at my work**.]

전치사란? 명사 또는 대명사 앞에 위치하여 관련 의미를 표현하는 품사

영어 → 전치사가 발달함, 한국어 → 후치사(조사)가 발달함

(한국어) 저는 직장**에서** 외국고객들을 종종 만납니다.

(에서 = '장소'를 나타내는 조사)

(영어) I often meet foreign customers **at** my work.

(at = '장소'를 나타내는 전치사)

문장 예시 I'm a sales manager **at a department store in Seoul**.

* 목적어를 필요로 하지 않는 동사(= 자동사)의 경우 기본적인 영어 어순은 [주어 + 동사]임

 ❸ 영어는 주어에 따라 동사가 변한다.

[When they **speak** English, my mind **goes** completely blank.]

(한국어 : 동사 변형 없음)

그들은 영어를 구사합니다.

그 남자는/그 여자는 영어를 구사합니다.

(영어 : 동사 변형 있음)

They speak English.	→ They = '그들'	(3인칭 복수)
He / she speak**s** English.	→ He/she = '그/그녀'	(3인칭 단수)
My mind go**es** completely blank.	→ My mind = '저의 머리'	(3인칭* 단수)

사전 활용 **(사전으로 동사의 변형 파악하기) : Speak, Go**

영어의 동사 변형 → 주어가 3인칭 단수이고 시제가 현재일 때, 동사에 -s/-es를 붙임

* '인칭'은 사람뿐만 아니라 사물(것)에도 적용되는 용어임
→ 예 : Since **English** is a must-have language skill, I decided to study **it**. (It = '영어' → 3인칭 단수)

[**Unlike Mr. Park,** I don't have to go abroad.]

Unlike = (전치사) ~와는 다른

Unlike = **Un-** (접두사 : '부정') + **Like** (전치사 : ~와 비슷한) = ~와 다른 (전치사)

전치사 Like의 패턴 = Like + **명사/대명사**

문장 예시

우리 언니*는 **저와 비슷해요**. 우린 둘 다 집순이들이거든요.

= My sister is **like me**. We are both homebodies.

전치사 Unlike의 패턴 = Unlike + **명사/대명사**

문장 예시

Unlike Mr. Park, I don't have to go abroad.

연습

기타와 다르게 칼림바 악기는 휴대하기에 용이하다.

= **Unlike the guitar**, the kalimba is easy to carry around.

저는 **우리 엄마와는 좀 달라요**. 엄마는 손재주가 좋으신데 저는 아니거든요.

= I'm **not like my mother**. She's good with her hands, but I'm not.

(비교)

I'm **unlike my mother**. She's good with her hands, but I'm not. (어색함)

* 한국어로 '나의 언니'는 '우리 언니'로 표현하기 때문에 영어로 표현할 때는 my sister가 되어야 함 (Our sister (X))

어휘 학습법 ❷ 여러 어휘의 뭉치로 익히자 : 정확한 해석이 가능하다.

[Unlike Mr. Park, I **don't have to** go abroad.]

don't / have to (=~해야 한다) / go = 가지 말아야 한다 (X)

don't have to (=~할 필요가 없다) / go = 갈 필요가 없다 (O)

= don't need to (=~할 필요가 없다)

'Have to 동사'를 사용한 문장 예시

문장 예시 **가봐야 돼.** 고객과 약속이 있거든.

= I **have to go**. I have an appointment with my client.

어휘 학습법 ❸ 어휘를 학습할 때 품사도 반드시 확인하자 : 실수를 피할 수 있다.

[Unlike Mr. Park, I don't have to **go abroad**.]

해외**에**/해외**로** 가다 = Go **to abroad** (X)

Go **abroad** (O)

abroad = **(부사)** 해외**로**, 해외**에**

→ 부사는 전치사를 필요로 하지 않음

사전활용 (사전으로 어휘의 품사와 사용 패턴 찾기) : Abroad

어휘 학습법 ❹ 새로운 의미의 어휘는 기본 의미와 연결시켜 익히자.

[I want to improve my English to **meet** their needs better.]

Meet의 기본 의미 = 만나다 → Meet의 다른 (확장된) 의미 = 만족시키다

Meet의 다양한 의미 정리

1주차 학습내용 (누구를 처음으로) 만나다.

It's good to **meet** you. / I'm glad to **meet** you.

(우연히) 만나다.

Hope we **meet** again at an offline event.

I **met** an old friend at the store.

(필요, 요구를) 만족시키다, 충족시키다. (기한 등을) 지키다.

(비즈니스 상황 : 구매자가 판매자에게) Can you **meet** the deadline/our deadline?

외국어는 반복연습이다 : 다음 의미를 영어로 표현할 수 있나요?

1 저는 직장에서 종종 외국인 고객들을 만납니다. = *I often meet foreign customers at my work.*

2 저는 서울에 있는 한 백화점의 판매 책임자입니다.
= *I'm a sales manager at a department store in Seoul.*

영어학습전략

1 한국과 영어권 문화의 차이를 이해하자 : 영어권 문화는 '소유'의 관념이 강하다.

2 어휘 학습법 :

❶ 단어의 발음을 확인하자 : 잘못된 강세는 의사소통에 장애가 된다.
+ 영어의 철자와 발음은 규칙성이 적다.

❷ 접사를 활용하자 : 많은 어휘를 빠르게 익힐 수 있다.

❸ 같은 어휘지만 문장에서의 역할은 다를 수 있다 : 모아서 비교하자.

3 2개 동사 연결법 : 한국어 어순을 기준으로 마지막에 위치하는 동사의 패턴을 확인하자.

Interviewee 4

Hello, my name is Hoseong Lee. I'm a junior.

▸ 안녕하세요. 제 이름은 이호성입니다. 3학년입니다.

Actually, I already have a university degree.

▸ 사실은 저는 이미 대학 학위가 있습니다.

I also have my master's degree.

▸ 석사학위도 있고요.

So why did I apply to HYCU?

▸ 그런데 왜 한양사이버대학교에 지원을 했냐고요?

I wanted to get a more systematic education.

▸ 더 체계적인 교육을 받고 싶었고요.

Also, like Mr. Park, I need to have a better command of English.

▸ 또 박준석씨처럼 저도 영어를 더 잘 해야 되기든요.

I work at a foreign company in Korea.

▸ 저는 한국에 있는 외국계 회사에서 일하는데요.

So I often have meetings with my foreign colleagues through Skype.

▸ 그래서 Skype를 통해서 외국인 동료들과 자주 회의를 합니다.

I also get a lot of emails in English and to respond, I have to write in English.

▸ 저는 또한 영어로 이메일을 많이 받고요, 그리고 영어로 답장을 해야 합니다.

I hope my English improves by studying here.

▸ 여기서 공부하면서 영어실력이 향상되면 좋겠습니다.

전략 1 **한국과 영어권 문화의 차이를 이해하자** **영어권 문화는 '소유'의 관념이 강하다.**

[I **have** a university degree. I also **have** my master's degree.]

영어권을 포함한 서양의 문화 → '소유'의 관점 : ~을 가지다, 소유하다

한국을 포함한 동양의 문화 → '존재'의 관점 : ~가 있다

Have를 사용한 문장 예시 = **~이, ~가 있다**

I **have** a university degree. I also **have** my master's degree.

1주차 학습내용

이제 당신 전화 번호가 제게 있어요.

= ______________________________

Now I have your number.

2주차 학습내용

저는 직업이 있어요.

= ______________________________

I have a job.

문장 예시

(사람과의 관계) 저는 언니/누나/여동생이 한 명 있어요.

= I **have a sister**.

(사고) 일년 전에 차 사고가 있었어요.

= A year ago, I **had a car accident**.

(병, 질환) 저는 고소공포증이 있어요.

= I **have acrophobia**.

(사물) 펜 하나 있어요?

= Do you **have a pen**?

(시간) 커피 한 잔 할 시간 있어요?

= Do you **have time** for a cup of coffee?

전략 2 **어휘 학습법** **❶ 단어의 발음을 확인하자 : 잘못된 강세는 의사소통에 장애가 된다.**
+ 영어의 철자와 발음은 규칙성이 적다.

Actually, I already **have** a **university degree**. So why did I **apply** to HYCU? I wanted to get a more **systematic** education. I need to have a better **command** of English. I work at a foreign **company** in Korea. So I often have meetings with my foreign **colleagues** **through** Skype. I also get a lot of emails in English and to respond, I have to **write** in English.

강세를 둔다는 것의 의미는?

발음을 할 때 특정 부분(음절 또는 모음)을 상대적으로 강하게 발음해 주는 것을 의미함

영어 어휘는? 강세가 있는 음절 + 강세가 없는 음절로 나눠짐

음절이란? 모음이 필수적인 요소로, 자음은 선택적 요소임 (예 : 모음 1개 : 1음절, 모음 2개 : 2음절)

사전 활용 **(사전으로 음절과 강세 확인하기)**

1음절	= Have	Through	Write	
2음절	= Degree	Apply*	Command	Colleague
3음절	= Company			
4음절	= Actually	Systematic		
5음절	= University			

* Apply의 a의 발음은 사전에서 schwa [ə]로 표기됨. 영어에서 강세를 두지 않는 대표적인 모음으로 한국어의 [어]에 근접한 발음임

어휘 학습법 ❷ 접사를 활용하자 : 많은 어휘를 빠르게 익힐 수 있다.

So I often have meetings with my foreign **colleagues** through Skype.

접두사(col-, com-, con-, cor-, co-) → ~와 함께

(col -)	Colleague	Collect	Collaborate
(com-)	Compare	Company	Companion
(con-)	Contest	Contact	
(cor-)	Correspond		
(co-)	Coworker	Coauthor	

어휘 학습법 ❸ 같은 어휘이지만 문장에서의 역할은 다를 수 있다 : 모아서 비교해 보자.

To respond, I have to write in English.

[동사 + **to**] 패턴

동사 + to 동사 (2개 동사 연결의 to)

I **need to have** a better command of English.

I **want to improve** my English.

동사 + to 명사 (장소, 방향의 to)

Why did I apply **to HYCU**?

[to + 동사] 패턴

to 동사 (문장의 주어)

It was a good decision **to come here today**.

= **To come here today** was a good decision.

It is a great pleasure **to meet you all**.

= **To meet you all** is a great pleasure.

to 동사 (목적의 to)

I want to improve my English **to meet their needs better**.

To respond, I have to write in English.

연습 **교통 체증을 피하려고** 일찍 집에서 나섰어.

= **To avoid traffic**, I left home early.

= I left home early **to avoid traffic**.

전략 3 **2개 동사 연결법** **한국어 어순으로 마지막에 위치하는 동사를 기준 패턴으로 하자.**

[I **hope my English improves** by studying here.]

저는 제 영어 실력이 **늘기를 희망하고** 있습니다. **(동사 1 = 늘다, 동사 2 = 희망하다)**

Hope의 패턴 = Hope (that) 주어 + 동사

문장 예시 I **hope (that) my English improves**.

사전 활용 **(사전으로 동사의 패턴 확인하기) : Hope**

외국어는 반복연습이다 : 다음 의미를 영어로 표현할 수 있나요?

1 저는 영어로 쓰여진 이메일을 많이 받아요. = *I get a lot of emails in English.*

2 저는 영어 실력이 늘기를 바랍니다. = *I hope (that) my English improves.*

3 저는 외국인 동료들과 스카이프로 회의를 자주 해요.

= *I often have meetings with my foreign colleagues through Skype.*

Part 3

영어학습전략

1 동사 학습법 : 동사가 사용되는 패턴을 익히자.

2 한국어와 영어의 차이를 이해하자 : 영어는 [피수식어 + 수식어]의 어순이다.

3 어휘 학습법 : 같은 어휘이지만 문장에서의 역할은 다를 수 있다. 모아서 비교해보자.

Interviewee 5

Hello, I'm Miyeon Kwon. I'm a freshman.

It's nice to meet you all.

▸ 안녕하세요. 저는 권미연이라고 합니다. 1학년이고요. 여러분 모두 만나서 반갑습니다.

When I was in high school, I loved English.

▸ 저는 고등학생이었을 때 영어를 굉장히 좋아했어요.

So I wanted to keep studying it.

▸ 그래서 영어를 계속 공부하고 싶었습니다.

Also, this year, my son just turned 20.

▸ 또 올해 제 아들이 갓 스무 살이 되었어요.

So now I have time to do things for myself.

▸ 그래서 이제는 저를 위해 무언가를 할 시간이 생겼어요.

In a few years, my family and I plan to travel abroad.

▸ 몇 년 후에 가족과 저는 해외 여행을 할 계획이에요.

When we do, I hope to be a guide for my family using my fluent English.

▸ 해외여행을 가게 되면 유창하게 영어를 해서 우리 가족의 가이드가 되고 싶습니다.

전략 1 **동사 학습법** **동사가 사용되는 패턴을 익히자.**

[I wanted to **keep studying** it.]

Keep의 패턴 = Keep 동사-ing = 계속해서 ~하다

연습 공기가 맑고 상쾌해서 **계속 걸었어.**

= The air was clear and crisp, so I **kept walking**.

다음 신호등에 도착할 때까지 **계속해서 운전하세요.**

= **Keep driving** until you get to the next traffic light.

전략 2 **한국어와 영어의 차이를 이해하자** **영어는 [피수식어 + 수식어]의 어순이다.**

[Now I have **time to do things** for myself.]

(한국어 어순)	무언가를 할 (수식어)	시간 (피수식어)
(영어 어순)	time (피수식어)	**to** do things (수식어)

[**to** + 동사] 패턴의 재정리

(1) 문장의 주어 역할 (2) '목적'의 의미를 나타내는 역할

+ (3) 명사를 뒤에서 수식하는 역할

전략 3 **어휘 학습법** 같은 어휘이지만 문장에서의 역할은 다를 수 있다 : 모아서 비교해 보자.

[In a few years, my family and I plan to travel abroad. When we **do**, I hope to be a guide for my family.]

Do의 역할 = '(동작, 행위, 활동 등)을 하다'의 의미

I have time to **do** things for myself.

I **do** Pilates/yoga twice a week.

Do의 역할 = 동사*의 반복을 피하는 역할

(한국어) A : 누가 **이겼어?**

B : 우리가 **이겼어.** ("이겼어"가 반복됨)

(영어) A : Who **won**?

B : We **won**. (또는) We **did**. (did = won → do의 과거형인 did로 대체한 것임)

문장 예시 In a few years, my family and I plan to **travel abroad**. When we **do**, I hope to be a guide for my family. (do = travel abroad)

* 또는 동사를 포함하여 앞에 언급된 특정 부분이 반복될 때 이를 대체하기 위해 사용함

외국어는 반복연습이다 : 다음 의미를 영어로 표현할 수 있나요?

1 올해 우리 아들은 갓 20살이 되었어요. = *This year, my son just turned 20.*

2 저는 고등학생이었을 때 영어를 굉장히 좋아했어요. = *When I was in high school, I loved English.*

3 몇 년 후에 가족과 저는 해외 여행을 할 계획이에요. = *In a few years, my family and I plan to travel abroad.*

Interview with HYCU New Students

인터뷰 진행자

Hello, it is a great pleasure to meet you all. First, I'd like to congratulate you on your admission to Hanyang Cyber University. Please briefly introduce yourselves. Then tell us why you decided to major in English.

인터뷰 답변 1

Hi. My name is Minjeong Kim. Nice to meet you. I'm a freshman. I just graduated from high school. I haven't found what I want to do with my life yet. So I have a part-time job now. But these days, since English is a must-have language skill, I decided to study it.

인터뷰 답변 2

Hello. I'm Junseok Park. I'm a freshman, too. It's great to meet you. Why do I want to study English? For one thing, I go on frequent business trips to the US. So I got interested in English. I want to express myself in English fluently. Also, after I graduated from high school, I joined my company and didn't attend college. So, this time, I want to get a university education and a degree, as well.

인터뷰 답변 3

Hi everyone. I'm Sumin Oh. I'm a sophomore. It's good to meet you. I'm a sales manager at a department store in Seoul. Unlike Mr. Park, I don't have to go abroad. But I often meet foreign customers at my work. And when they speak English, my mind goes completely blank. I want to improve my English to meet their needs better.

인터뷰 답변 4

Hello, my name is Hoseong Lee. I'm a junior. Actually, I already have a university degree. I also have my master's degree. So why did I apply to HYCU? I wanted to get a more systematic education. Also, like Mr. Park, I need to have a better command of English. I work at a foreign company in Korea. So I often have meetings with my foreign colleagues through Skype. I also get a lot of emails in English and to respond, I have to write in English. I hope my English improves by studying here.

인터뷰 답변 5

Hello, I'm Miyeon Kwon. I'm a freshman. It's nice to meet you all. When I was in high school, I loved English. So I wanted to keep studying it. Also, this year, my son just turned 20. So now I have time to do things for myself. In a few years, my family and I plan to travel abroad. When we do, I hope to be a guide for my family using my fluent English.

My Typical Day [1]

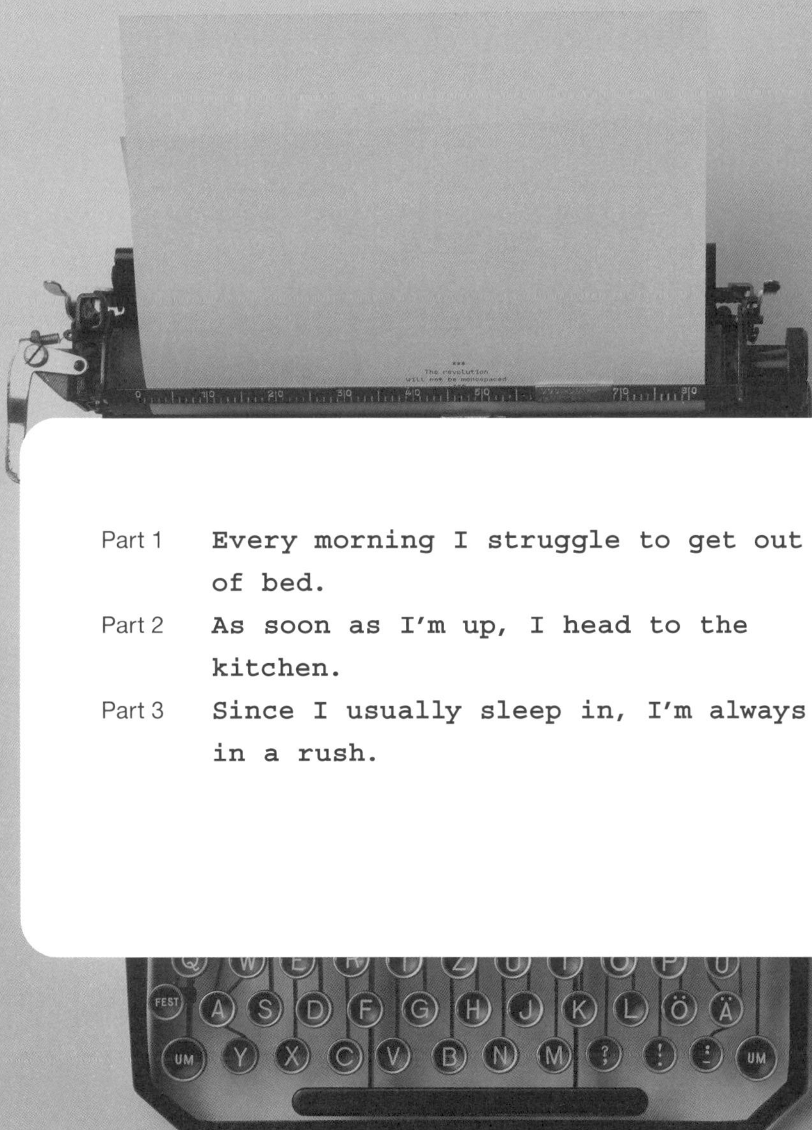

4

Part 1 **Every morning I struggle to get out of bed.**

Part 2 **As soon as I'm up, I head to the kitchen.**

Part 3 **Since I usually sleep in, I'm always in a rush.**

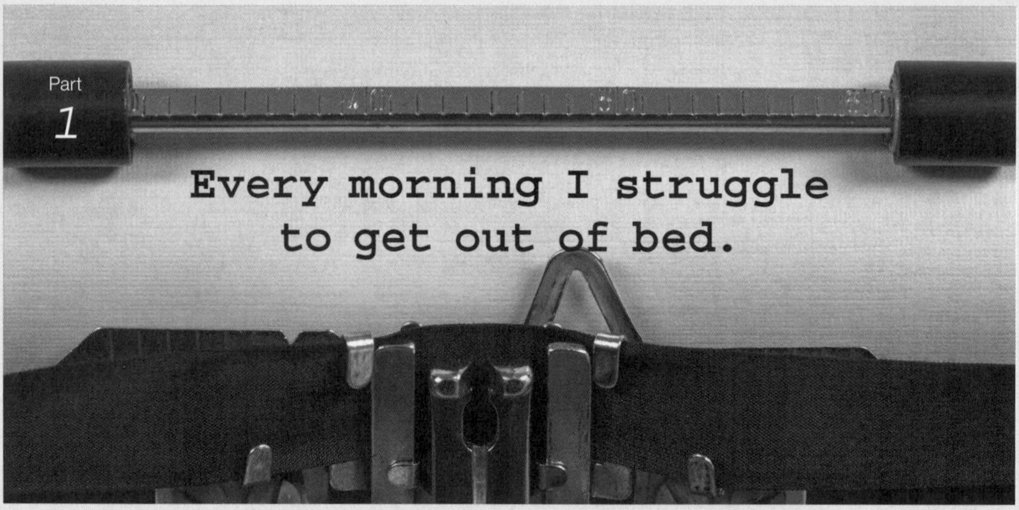

Part 1

Every morning I struggle to get out of bed.

영어학습전략

1 어휘 학습법 :

❶ 상황에 적절한 어휘를 사용하자 : 어휘에 따라 어감이 달라진다.

❷ 접사를 활용하여 어휘를 나누자 : 긴 어휘가 어렵지 않게 된다.

2 명사 학습법 : 명사와 사용되는 다른 어휘들도 함께 익히자. (동사 관련 표현)

3 반고정청크로 학습하자 : 거의 무제한의 문장을 만들 수 있다.

4 시제는 다른 시제와 연결해서 학습하자 : 시제 간의 차이를 이해하기 쉽다.

Journal

Every morning I struggle to get out of bed.

▸ 나는 매일 아침 잠자리에서 일어나려고 몸부림을 친다.

My alarm goes off at 6 o'clock, but I don't wake up right away.

▸ 알람은 6시에 울리지만 바로 깨지는 않는다.

I always hit the snooze button and immediately fall back asleep.

▸ 항상 알람 버튼을 누르고 곧바로 다시 잠이 든다.

It's like a ritual for me.

▸ 그건 나에게 있어 하나의 의식과도 같다.

I have always tried to break this habit but have always failed.

▸ 이 습관을 깨려고 매번 노력했지만 항상 실패했다.

I feel like it's an uphill battle.

▸ 힘든 싸움인 것 같다.

전략 1 **어휘 학습법** **❶ 상황에 적절한 어휘를 사용하자 : 어휘에 따라 어감이 달라진다.**

[My alarm **goes off** at 6 o'clock, but I don't **wake up** right away.]

구동사란? 동사가 중심이 되어 두 개 이상의 단어로 구성된 동사

go off = go + off wake up = wake + up

> 구동사의 쓰임새 → (비격식적인 상황에서) 구동사 사용
> (격식적인 상황에서) 한 개 단어로 이루어진 동사 사용

문장 예시

My alarm **goes off** at 6 o'clock, but I don't **wake up** right away.

→ 비격식적인 느낌

(비교) My alarm **sounds** at 6 o'clock, but I don't **rise** right away.

→ 격식적인 느낌

연습

(회사 발표 : 격식을 차려야 하는 상황)

커피 가격이 20% 인상될 것으로 예상됩니다.

= We expect that the price of coffee will (**go up? increase?**) by 20%.

어휘 학습법 **❷ 접사를 활용하여 어휘를 나누자 : 긴 어휘가 어렵지 않게 된다.**

[I **immediately** fall back asleep.]

Immediate**ly** (즉시, **'부사'**) = Immediate (즉각적인, **'형용사'**) + **- ly** (**'부사'로 만드는 '접미사'**)

> 접두사 → '의미'에 영향

1주차 학습내용

Transfer → '이동, 변화'의 의미

= (동사) (교통편을) 갈아타다, ~로 전근 가다, (전화를) 돌려주다, 연결해 주다

3주차 학습내용 **Un**like → '부정'의 의미 = (전치사) ~와 다른

Colleague, **Co**worker → '함께'의 의미 = (명사) 동료

접두사 → '품사'에 영향을 미치지 않음

Unlike (~와 다른, **'전치사'**) = Un– ('부정'의 접두사) + **like** (~와 비슷한, **'전치사'**)

접미사 → '품사'에 영향

접미사란? 어휘의 중심부가 되는 부분 뒤에 붙는 말

예 **Immediate** (형용사) + **– ly** ('부사'로 만드는 '접미사') = **Immediately** (부사)

Frequent (빈번한, '형용사') → Frequent**ly** (빈번하게, '부사')

2주차 학습내용 저는 종종 미국으로 해외 출장을 다닙니다.

= ______________________

I go on frequent business trips to the US.

Usual (평상시의, 보통의, '형용사') → Usual**ly** (보통, 대개 '부사')

1주차 학습내용 일요일에는 보통 교회에 예배하러 갑니다.

= ______________________

On Sundays, I usually go to church.

Brave (용감한 '형용사') → Brave**ly** (용감하게 '부사')

Happ**y** (행복한 '형용사') → Happ**ily** (행복하게 '부사')

사전 활용 **(사전으로 부사형 파악하기) : Brave**

전략 2 **명사 학습법** **명사와 주로 사용되는 다른 어휘들도 함께 익히자.**

[Every morning I struggle to get out of **bed**.]

명사 Bed와 함께 사용되는 동사 또는 동사를 포함하는 표현들

문장 예시

(1) 자러 가다, 잘 준비를 하다, 잠자리에 들다 = **go to** bed

보통 몇 시에 주무시나요(= 잠자리에 드시나요)?

= What time do you usually **go to bed**?

(2) ~를 재우다 = **put somebody to** bed

제가 아이들을 재울게요. = I'll **put the kids to bed**.

(3) 자려고 침대 속으로 들어가다 = **get into** bed

나는 침대에 들어간 후에, 책을 잠시 읽어. = After I **get into bed**, I read a bit.

(4) 침대에서 일어나다, 침대 밖으로 나오다 = **get out of** bed

일어날 시간이야. = It's time to **get out of bed**.

(5) 침대에 계속 머무르다 = **stay in** bed

전 주말이 너무 좋아요. 오전 내내 안 일어나도 되거든요.

= I love weekends. I can **stay in bed** all morning.

(6) ~의 침대에 앉다 = **sit on** one's bed

네 침대에 앉아도 돼? = Can I **sit on your bed**?

(7) ~의 침대를 정리하다 = **make** one's bed

저는 일어난 후에는 침대를 정리해요. = After I get up, I **make my bed**.

사전 활용 **(사전으로 함께 사용되는 다른 어휘 파악하기) : Bed**

전략 3 **반고정청크로 학습하자** 거의 무제한의 문장을 만들 수 있다.

It's like a ritual for me.
I feel like it's an uphill battle.

It's like (명사 또는 명사로 끝나는 것) = ~인 것 같다

문장 예시

머리 결이 굉장히 부드럽네. **비단 같아.** = Your hair is so soft. **It's like (silk).**

이 음식 맛 좀 봐. **진짜 고기 같은데!** = Taste this food. **It's like (real meat)!**

I feel like (주어 + 동사) = ~ 같은 기분이다

문장 예시

나 토할 것 같아. = **I feel like (I'm going to throw up).**

난 잘 어울리지 못하는 것 같아. = **I feel like (I don't fit in).**

I feel like (명사 또는 명사로 끝나는 것) = ~하고 싶다

문장 예시

술 한잔 하고 싶네. = **I feel like (a drink).**

커피 한잔 마시고 싶네. = **I feel like (a cup of coffee).**

I feel like (명사 또는 명사로 끝나는 것) = ~ 같은 기분이다, ~처럼 느껴지다

문장 예시

바보처럼 느껴졌어. = **I felt like (an idiot).**

I don't feel like (동사-ing) = ~하고 싶지 않다, ~할 기분이 아니다

문장 예시

자러 가고 싶지 않은데. = **I don't feel like (going to bed).**

아무것도 먹고 싶지 않은데. = **I don't feel like (eating anything).**

전략 4 **시제는 다른 시제와 연결해서 학습하자** 시제 간의 차이를 이해하기 쉽다.

[I **have** always **tried** to break this habit but **have** always **failed**.]

과거시제가 사용된 예시 문장

3주차 학습내용

Why **did** I apply to HYCU? → 과거의 특정시점

When I **was** in high school, I **loved** English. → 과거에 고등학교를 다닌 시점

→ 과거 시점에 일어난 일, 상황을 묘사

현재완료시제가 사용된 예시 문장

2주차 학습내용

I **haven't found** what I want to do with my life yet.

→ 과거시점에 일어난 일, 상황 등이 현재에도 사실이거나 계속될 때

→ 현재완료시제 형태 = have + **동사의 과거분사**

= haven't **found** = have not **found***

[I **have** always **tried** to break this habit but **have** always **failed**.]

I **have** always **tried** to break this habit. + I **have** always **failed**.

정리

과거시제란? **과거에 국한된** 일 또는 상황을 묘사할 때 사용

현재완료시제란? **과거, 현재시점에 걸쳐** 적용되는 일 또는 상황을 묘사할 때 사용

사전 활용 **(사전으로 과거분사 찾기) : Try**

* 동사 find의 3단 변형 = find (현재) – found (과거) – found (과거분사)
단, 주어가 '3인칭 단수'이면서 시제가 '현재'일 경우, find의 현재형은 finds가 됨

연습 저는 서울에서 산 지 1년 됐어요.

= I **have lived** in Seoul for a year.

= I**'ve lived** in Seoul for a year.

저는 이 회사에서 3년 정도 일했어요.

= I **have worked** at/for this company for about three years.

= I**'ve worked** at/for this company for about three years.

저는 그 영화를 10번 봤어요.

= I **have seen** that movie ten times.

= I**'ve seen** that movie ten times.*

---

* 추가예시: 감기에 걸린 지 2주 정도 됐어요.
= I **have had** (= I've had) a cold for about two weeks.
(have a cold = 감기에 걸린 상태이다. have의 3단 변형 = have – had – had)

외국어는 반복연습이다 : 다음 의미를 영어로 표현할 수 있나요?

1 매일 아침 나는 잠자리에서 일어나려고 몸부림을 친다.
= Every morning I struggle to get out of bed.

2 그건 나에게 있어 하나의 의식과도 같다.
= It's like a ritual for me.

3 나는 이 습관을 고치려고 매번 노력했다.
= I have always tried to break this habit.

영어학습전략

1 어휘의 성격을 파악하자 : 여러 어휘의 뭉치로 익혀야 하는 어휘들이 있다.

2 동사 학습법 : 동사가 사용되는 패턴을 익히자. 정확한 해석이 가능하다.

3 어휘의 형태가 같아도 문장에서의 역할은 다를 수 있다 : 모아두고 비교해 보자.

4 한국어와 영어의 차이를 이해하자 :
❶ 영어는 '소유격'을 사용하여 누구의 것임을 명시한다.
❷ 영어는 [피수식어 + 수식어]의 어순이다.

5 영어는 반복을 싫어한다 : 2개 아이디어를 연결할 때는 반복되는 주어는 생략하자.

Journal

I usually end up getting up at 7ish.
▸ 결국 보통 7시쯤에 일어난다.

As soon as I'm up, I head to the kitchen and drink a glass of water.
▸ 일어나자마자 부엌으로 가서 물 한잔을 마신다.

I always feel very thirsty when I wake up.
▸ 잠에서 깨면 나는 항상 목이 몹시 마르다.

I think drinking water first thing in the morning is good for me.
▸ 아침에 일어나서 물을 먼저 마시는 것이 내게는 좋은 것 같다.

It helps me become alert.
▸ 정신이 들도록 도와준다.

To completely wake up and boost my mood, I turn on the radio and listen to my favorite morning show.
▸ 완전히 정신을 차리고 기분을 북돋우기 위해 나는 라디오를 켜서 내가 가장 좋아하는 아침 방송을 듣는다.

While listening, I take a quick shower and dry my hair as quickly as possible.
▸ 방송을 듣는 동안 나는 재빨리 샤워를 하고 최대한 머리를 빨리 말린다.

If a song that I know plays, I sing along.
▸ 내가 아는 노래가 나오면 따라 부른다.

전략 1 **어휘의 성격을 파악하자** **여러 어휘의 뭉치로 익혀야 하는 어휘들이 있다.**

[**As soon as** I'm up, I head to the kitchen.]

As soon as = ~ 하자 마자 → 전체가 의미 전달의 기본 단위

(패턴) = **As soon as 주어 + 동사, 주어 + 동사**

연습 저는 집에 도착하자 마자 손을 씻어요.

= **As soon as I get** home, **I wash** my hands.

[Drinking water **first thing in the morning** is good for me.]

First thing in the morning = 맨 먼저, 무엇보다도 먼저 (특히 아침에)

→ 전체가 의미 전달의 기본 단위

연습 **내일 아침 일찍** 전화해 줄 수 있어?

= Can you call me **first thing tomorrow**?

[I dry my hair **as quickly as possible**.]

As quickly as possible = 가능한 빨리

→ 전체가 의미 전달의 기본 단위

반고정청크로 학습 → as (   ) as possible

가능한 일찍 = as (early) as possible

가능한 빨리 = as (soon) as possible

연습 **가능한 빨리** 전화해 줄 수 있어?

= Can you call me **as soon as possible**?

전략 2 **동사 학습법** 동사가 사용되는 패턴을 익히자 : 정확한 해석이 가능하다.

[It **helps me become** alert.]

Help의 패턴 = Help + **(대)명사 + 동사*** = **'(대)명사'가 '동사'하는** 것을 돕다, 거들다

→ **[주어 + 동사]의 관계로 해석**

문장 예시 It **helps me become alert**.

= Drinking water first thing in the morning **helps me become alert**.

연습 **(내가)** 이 상자 **옮기는 것** 좀 도와 줄래?

= Can you help **me carry** this box?

(내가) 상 차리는 것 좀 도와 줄래?

= Can you help **me set the table**?

반고정청크로 학습 → Can you help me (동사)?

연습 (어머니가 자녀에게) 동생 **숙제 하는 것** 좀 도와 줄래?

= Can you help your brother **do his homework**?

사전 활용 **(사전으로 동사의 패턴 파악하기) : Help**

* 정확히 표현하자면, '동사원형'을 의미함. '동사원형'이란, 동사의 형태가 변형 없이 기본 형태로 사용되는 것을 의미함. 즉, 위 문장에서처럼 become을 형태 변화 없이 그대로 사용하면 됨

전략 3 어휘의 형태가 같아도 문장에서의 역할은 다를 수 있다 모아두고 비교해 보자.

[**Drinking water** first thing in the morning is good for me.]

Drink water = 물을 **마시다** (비교) **Drinking** water = 물을 **마시는 것**

[동사–ing] = 주어 역할

문장 예시 **일찍 일어나는 건** 너무 어려워.

= **Waking up early** is really difficult for me.

하루에 삼시세끼 준비하는 건 그리 쉬운 일이 아니야.

= **Preparing three meals a day** is not that easy.

[동사–ing] = 진행형(의 일부)

1주차 학습내용 I'm **heading** to the HYCU Entrance Ceremony.

→ **am heading** = 현재 진행형

[동사–ing] 역할 → 문장의 앞에 올 때, 주어 역할

문장 중간에서 [be동사 + 동사–ing]의 형태로 사용될 때, 진행형

전략 4 **한국어와 영어의 차이를 이해하자** ❶ **'소유격'을 잊지 말고 사용하자 : 영어는 소유격을 사용하여 누구의 것임을 명시한다.**

[I dry **my hair** as quickly as possible.]

(한국어) 나는 **머리를** 최대한 빨리 말린다. (O)

나는 **내 머리를** 최대한 빨리 말린다. (X)

(영어) I dry **my hair** as quickly as possible. (O)

I dry **hair** as quickly as possible. (X)

소유격이란? my = 나의 your = 너의 his = 그의 her = 그녀의

its = 그것의 our = 우리의 their = 그들의/그것들의

문장 예시 매일 아침 나는 침대에서 일어나려고 발버둥을 친다. **자명종**이 6시에 울리는데 …

Alarm goes off at 6 o'clock. (X)

My alarm goes off at 6 o'clock. (O)

3주차 학습내용 저는 **영어 실력**이 향상되었으면 좋겠습니다.

I hope **my English** improves. (O)

I hope **English** improves. (X)

한국어와 영어의 차이를 이해하자 **❷ 영어는 [피수식어 + 수식어]의 어순이다.**

[If **a song that I know** plays, I sing along.]

(한국어) 내가 아는 (수식어) 노래 (피수식어) (영어) a song (피수식어) **that** I know (수식어)

수식어가 **[주어 + 동사]**인 경우 **that**으로 연결

that → '그것' 으로 해석 **(X)**

연습

얘기할 시간 돼? = Do you have **time to talk**?*

이건 **내가 원하는 바로 그 색**이다. = This is **the color that I want**.

전략 5 **영어는 반복을 싫어한다** 2개 아이디어를 연결할 때 반복되는 주어는 생략하자.

[**I** head to the kitchen **and** drink a glass of water.]

문장 예시

나는 부엌으로 가서 + 물 한 잔을 마신다.

= **I** head to the kitchen. + **I** drink a glass of water.

→ **I** head to the kitchen **and** drink a glass of water.

나는 라디오를 켜서 + 가장 좋아하는 아침 프로그램을 듣는다.

= **I** turn on the radio. + **I** listen to my favorite morning show.

→ **I** turn on the radio **and** listen to my favorite morning show.**

---

* 추가예시: (3주차) Now I have **time to do things** for myself. = **무언가를 할 시간**

** 추가예시: **I** take a quick shower **and** dry my hair as quickly as possible.

(비교) **알람은** 6시에 울리지만 + **저는** 바로 일어나지 않습니다.

= **My alarm** goes off at 6 o'clock, but **I** don't wake up right away.

정리 **접속사 and, but** 등으로 2개 아이디어 연결 시 → **뒤의 반복되는 동일한 주어**는 생략

[**While listening**, I take a quick shower.]

문장 예시 **나는** (그 방송을) 들으면서 + 샤워를 빠르게 한다.

= While **I** listen, **I** take a quick shower.

→ While **listening**, **I** take a quick shower.

연습 While 동사-ing = ~하면서, ~하는 동안

저는 **일하면서** 음악을 자주 들어요. = **While working**, I often listen to music.

저는 **운전하면서** 음악을 자주 들어요. = **While driving**, I often listen to music.

책 읽다가 잠 들었어. = **While reading**, I fell asleep.

TV 보다가 잠 들었어. = **While watching TV**, I fell asleep.

정리 **While과 같은 접속사**로 2개 아이디어 연결 시

→ **앞의 반복되는 주어**는 생략 + 동사의 형태는 **동사-ing**로 변형

외국어는 반복연습이다 : 다음 의미를 영어로 표현할 수 있나요?

1 나는 일어나자마자 물 한잔을 마신다. = *As soon as I'm up, I drink a glass of water.*

2 아침에 (일어나서) 제일 먼저 물을 마시는 것은 내게 도움이 된다.
= *Drinking water first thing in the morning is good for me.*

3 나는 잠에서 깨면 항상 목이 몹시 마르다. = *I always feel very thirsty when I wake up.*

영어학습전략

1 간단한 언어 규칙 파악하는 법 : 예시 문장들을 모아 두고 비교하면 공통점이 보인다.

Journal

Since I usually sleep in, I'm always in a rush.

▸ 나는 보통 늦잠을 자기 때문에 항상 서둔다.

I usually make toast and have it with a cup of coffee.

▸ 보통은 토스트를 만들어서 커피 한잔이랑 먹는다.

If I have a bit of time, I do a little cooking.

▸ 시간이 좀 있으면, 요리도 조금 한다.

I first put in olive oil and fry some diced tomatoes and onions.

▸ 먼저 올리브 오일을 넣고 깍둑 썬 토마토와 양파를 기름에 볶는다.

Then I add some eggs and mix.

▸ 그리고 달걀 몇 개를 넣고 섞는다.

But if I'm really short on time, I just take some oat flour out of the fridge and mix it with water.

▸ 하지만 정말 시간이 부족하면 귀리가루를 냉장고에서 끼내 물괴 섞는디.

Then I drink it up quickly.

▸ 그리고 빨리 마셔 버린다.

전략 1 **간단한 언어 규칙 파악하는 법** **예시 문장들을 모아 비교하면 공통점이 보인다.**

[Since I **usually** sleep in, I'm **always** in a rush.]

문장 예시

저는 **보통** 토스트를 만듭니다. = I **usually** make toast.

→ usually + 동사

저는 **항상** 목이 말라요. = I **always** feel very thirsty.

→ always + 동사

Since I usually sleep in, I'm **always** in a rush.

→ be동사(am) + always

If I'm **really** short on time, I just take some oat flour out of the fridge.

→ be동사(am) + really

정리

부사의 위치 → 일반동사(예 : make, feel)가 올 경우, **[부사 + 일반동사]**의 순으로*

be동사가 올 경우, **[be동사 + 부사]**의 순으로

* '일반동사'란 be동사(예 : am, are, is)와 조동사(예 : will, can)가 아닌 동사들을 일컬음

외국어는 반복연습이다 : 다음 의미를 영어로 표현할 수 있나요?

1 나는 보통 늦잠을 잔다. = *I usually sleep in.*

2 나는 항상 시간에 쫓긴다. = *I'm always in a rush.*

3 시간이 좀 있으면, 요리를 조금 한다. = *If I have a bit of time, I do a little cooking.*

My Typical Day [2]

5

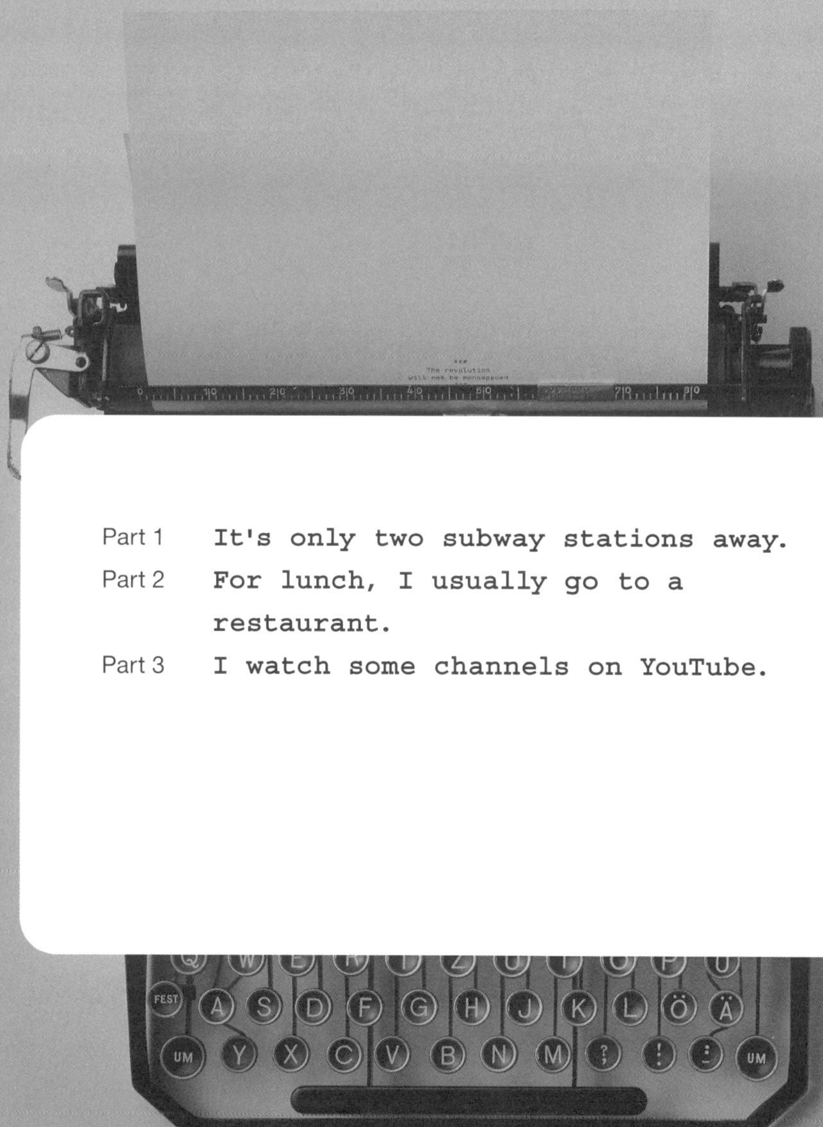

Part 1 It's only two subway stations away.

Part 2 For lunch, I usually go to a restaurant.

Part 3 I watch some channels on YouTube.

영어학습전략

1 한국어를 영어로 표현할 때 1:1(단어 대 단어) 번역을 피하라 : 영어스럽지 못한 표현이 생성된다.

2 어휘 학습법 :

❶ 알고 있는 어휘가 다른 패턴으로 제시된 경우 익숙한 패턴과 연결시키자.

❷ 알고 있는 어휘가 동일 패턴으로 제시된 경우 이전 예시와 연결시키자.

❸ 여러 어휘의 뭉치로 익혀야 하는 어휘들이 있다.

3 반고정청크로 학습하자 : 원하는 의미를 쉽고 빠르게 표현할 수 있다.

Journal

After breakfast, I get myself ready for work.
▸ 아침을 먹은 후에 나는 출근 준비를 한다.

I brush my teeth, get dressed, do my hair, and put on make-up.
▸ 양치를 하고, 옷을 입고, 머리를 만지고, 화장을 한다.

Before I head out, I grab my keys* and phone.
▸ 집을 나서기 전에 열쇠와 전화기를 챙긴다.

I also make sure I have my wallet in my bag.
▸ 또 가방에 지갑이 있는지 확인한다.

I often forget to take it when I go out.
▸ 외출할 때 지갑 챙기는 것을 자주 잊어버리기 때문이다.

I usually walk to work because it's only two subway stations away.
▸ 직장은 지하철 2개 역 거리 밖에 되지 않아서 보통 걸어서 출근한다.

It takes about 45 minutes on foot.
▸ 걸어서 약 45분이 걸린다.

This is the only time I get exercise.
▸ 이 시간은 내가 운동을 하는 유일한 시간이다.

Some days,** I catch a taxi if I'm really in a rush.
▸ 어떤 날은 정말 급하면 택시를 잡는다.

---

* 만약 열쇠가 1개라면 key를 사용하는 것이 적절함

** On some days로도 표현 가능함

[It's only **two subway stations away**.]

My work / workplace is only two subway stations' **distance** from here. **(X)**

Away (부사) = (공간적, 시간적으로) 떨어져, 떨어진 곳에

문장 예시

그 가게는 **버스 한 정거장 거리**예요.

= The store is **one bus stop away**.

그 가게는 **버스 한 정거장 거리 밖에** 되지 않아요.

= The store is **only one bus stop away**.

제 직장은 **1시간 거리에** 있어요.

= My work is **one hour away**.

(또는) My workplace is **one hour away**.

시험이 **일주일 밖에** 안 남았네.

= My exam is **only one week away**.

시험이 **한달 이나** 남았네.

= My exam is **still a month away**.

Distance를 사용할 수 있는 표현

문장 예시

그 곳은 걸어서 갈 수 있는 거리입니다.

= It's within **walking distance**.

전략 2 **어휘 학습법** ❶ 알고 있는 어휘가 다른 패턴으로 제시된 경우 익숙한 패턴과 연결시키자.

[After breakfast, I **get** myself ready for work. … I **get** dressed.]

'Get + 형용사' 패턴 = (어떤 상태가) 되다, (어떤 상태에) 이르다

2주차 학습내용 I **got interested** in English.

현주차 학습내용 I **get dressed**.

I **get myself ready** for work. = 'Get + 목적어 + 형용사' 패턴

= 누구(사람)를/무엇(사물)을 ~하게 하다, (어떤 상태가) 되게 하다

연습

나 화나게 하지 마. = Don't get **me** angry.

(비교) I get **myself** ready for work.

바지 더럽히지 마. = Don't get **your pants** dirty.

(비교) Don't get **your pant** dirty. **(X)**

내가 아이들 학교 보낼 준비시킬게.

= I'll get **the kids** ready for school. (I'll = I will)

어휘 학습법 ❷ 알고 있는 어휘가 동일 패턴으로 제시된 경우 이전 예시문과 연결시키자.

[This is the only time I **get exercise**.]

2주차 학습내용

I want to **get a university education and a degree**.

= (대학 교육과 학위를) 얻다, 받다

현주차 학습내용

I **get exercise**. = 운동을 **얻다** → 운동을 **하다**

→ 어휘가 사용되는 여러 상황에 노출되어 그 어휘의 사용 환경에 대한 database를 생성할 것

This is the only time ((that) **주어 + 동사**) = 이 시간은 ~하는 유일한 시간이다

연습

이 시간이 **제가 공부를 하는** 유일한 시간이에요.

= This is the only time (**I study**).

이 시간이 **제가 자유로운(=해야 할 일이 없는)** 유일한 시간이에요.

= This is the only time (**I'm free**).

이번 주말이 **내가 푹 쉴 수 있는** 유일한 시간이야.

= This weekend is the only time (**I can rest well**).

어휘 학습법 ❸ 여러 어휘의 뭉치로 익혀야 하는 어휘들이 있다.

[I also **make sure** I have my wallet in my bag.]

Make sure (that) **주어 + 동사** = ❶ ~임을 확인하다, ❷ 반드시 (~하도록) 하다

연습 **~임을 확인하다**

나는 또한 가방에 지갑이 있는지 확인한다.

= I also **make sure I have** my wallet in my bag.

연습 **반드시 (~하도록) 하다**

12시까지는 집에 들어와야 해.

= **Make sure you are** home by midnight.

꼭 불 꺼.

= **Make sure you turn off** the lights*.

Forget to 동사 = ~하는 것을 잊다

문장 예시 불 끄는 거 잊지 마. (=꼭 불 꺼.)

= **Don't forget to turn off** the lights.

= **Make sure you turn off** the lights.

* 추가예시: 다시는 그런 일이 생기지 않도록 해. = Make sure it doesn't happen again.

전략 3 **반고정청크로 학습하자** 원하는 의미를 쉽고 빠르게 표현할 수 있다.

[**It takes** about 45 minutes on foot.]

It takes (시간) = (시간이) ~ 걸리다

문장 예시 **It takes** (about 45 minutes) on foot.

It takes (시간) **to** (동사) = (동사) 하는데 (시간이) ~ 걸리다

연습 출근하는데 2시간이 걸려요.

= **It takes** (two hours) **to** (get to work).

공항에 도착하는데 2시간이 걸려요.

= **It takes** (two hours) **to** (get to the airport).

It takes me (시간) **to** (동사) = 내가 (동사) 하는데 (시간이) ~ 걸리다

연습 저는 머리 만지는데 대략 30분 걸려요.

= **It takes me** (about 30 minutes) **to** (do my hair).

나 프레젠테이션 준비하는데 하루 종일 걸렸어.

= **It took me** (all day) **to** (prepare the presentation).

외국어는 반복연습이다 : 다음 의미를 영어로 표현할 수 있나요?

1 나는 옷을 입고 머리를 만진다. = *I get dressed and do my hair.*

2 나는 나가기 전에 열쇠와 전화기를 챙긴다. = *Before I head out, I grab my keys and phone.*

3 출근하는데 2시간이 걸린다. = *It takes two hours to get to work.*

영어학습전략

1 어휘 학습법 :
❶ 여러 어휘의 뭉치로 익혀야 하는 어휘들이 있다.
❷ 어휘의 의미는 기본 의미와 연결시켜 익히자.
❸ 어휘의 다양한 품사를 알면 실수가 줄어든다.

2 반고정청크로 학습하자 : 원하는 의미를 쉽고 빠르게 표현할 수 있다.

3 유사한 언어 형태가 제시된 경우, 이전 예시와 연결시켜 공통점을 파악하자.

4 한국어와 영어의 차이를 이해하자 : 한국어에 없는 전치사 사용에 익숙해지자.

Journal

When I get to work and walk through the front door, I say hi to my colleagues.

▸ 직장에 도착해서 현관문을 걸어 들어갈 때, 나는 동료들에게 인사를 한다.

After getting to my desk, I first turn on my computer and check my emails.

▸ 책상에 도착한 후, 먼저 컴퓨터를 켜고 이메일을 확인한다.

Then I get down to business.

▸ 그리고 나서 본격적으로 일을 시작한다.

For lunch, I usually go to a restaurant with my colleagues.

▸ 점심은 보통 동료들과 함께 식당에 간다.

At around 6pm, I get ready to go home.

▸ 오후 6시쯤에는 집에 갈 준비를 한다.

I don't often head home directly.

▸ 바로 집으로 가지는 않는다.

I usually run a few errands like picking up groceries.

▸ 보통 몇 가지 볼일을 보는데, 예를 들면, 장을 본다.

Or I pick up my laundry from the dry cleaner's.*

▸ 또는 세탁소에서 세탁물을 찾아온다.

On my way back home, I have dinner some place** nearby.

▸ 집에 오는 길에는 근처 어딘가에서 저녁을 먹는다.

Or I order it to go.

▸ 아니면 포장 주문을 한다.

---

* the dry cleaner's는 the dry cleaner's shop의 줄임말이며, 더 캐주얼하게 the cleaner's로도 표현 가능함

** at some place로도 표현 가능함

[Then I **get down to business.**]

Get down to business = 일을 본격적으로 시작하다

연습 농담은 그만 하고, **일 시작하자.**

= Stop joking. **Let's get down to business.**

곧 다른 회의가 있어서요, **본론으로 들어가죠.**

= I have another meeting soon. **Let's get down to business.**

[I usually **run** a few **errands.**]

Run errands = 볼일을 보다, 심부름을 하다

연습 지금 볼일 보고 있는 중인데, 나중에 다시 전화해도 될까?

= I**'m running errands** right now. Can I call you back later?

나 오늘 볼일 좀/조금 봐야 해.

= I **have to run some / a few errands** today.

[I usually run a few errands like **picking up** groceries. Or I **pick up** my laundry.]

구동사란? 동사가 중심이 되어 2개 이상의 단어로 이루어진 동사

예 pick up = pick (동사 : 고르다, 선택하다, 뽑다) + up → pick과 다른 의미가 됨

Pick up something = ❶ 무엇을 사다, ❷ 무엇을 찾아오다

예시 pick up groceries = 장을 보다(=식료품을 사다)

pick up my laundry = 내 세탁물을 찾아오다

Pick up의 다른 의미 = (사람을) 차로 데리러 가다

문장 예시 5시에 (너를) 데리러 갈게. = I'll **pick you up** at 5.

어휘 학습법 ❷ 어휘의 의미는 기본 의미와 연결시켜 익히자.

[I usually run a few errands **like** picking up groceries.]

전치사 Like의 기본 의미 = ~와 비슷한 → (패턴) Like + 명사/대명사

3주차 학습내용 My sister is **like me**. = 우리 언니는 나랑 비슷해요.

전치사 Like의 확장된 의미 = (예를 들어) ~와 같은 → 예를 들면

문장 예시 I usually run a few errands **like** picking up groceries.

= 나는 보통 몇 가지 볼일을 보는데 **예를 들면** 장을 보는 것이다.

→ **pick up** groceries = 장을 **보다**

(비교) **picking up** groceries = 장을 **보는 것***

* I usually run a few errands like pick up groceries. → pick을 사용하면 비문법적인 문장임

Like + 동사-ing = 예를 들어 (동사) 하는 것

연습 저는 보통 볼일을 몇 개 보는데요, **예를 들면, 세탁물 찾는 것요.**

= I usually run a few errands **like picking up my laundry**.

저는 보통 볼일을 몇 개 보는데요, **예를 들면, 은행에 가는 것요.**

= I usually run a few errands **like going to the bank***.

어휘 학습법 ❸ 어휘의 다양한 품사를 알면 실수가 줄어든다.

[I get ready to **go home**. I don't often **head home** directly.]

Home = (명사) 집

집에 가다 = Go to home (X)

→ Home = (부사) **집에, 집으로** (**장소, 방향**의 의미를 포함) → Go home (O)

3주차 학습내용 해외로 가다 = Go to abroad (X)

→ Abroad = (부사) 해외로 → Go abroad (O)

연습

집에 갈 준비를 하다	Get ready to **go home** (O)	Get ready to **go to home** (X)
집으로 향하다	Head **to home** (X)	Head **home** (O)
집에 걸어가다	Walk **to home** (X)	Walk **home** (O)
집에 도착하다	Get **to home** (X)	Get **home** (O)

* 추가예시: 저는 보통 볼일을 몇 개 보는데요, 예를 들면, 책을 도서관에 반납하는 것요.
= I usually run a few errands like returning books to the library.

내가 직장에 도착할 때 = When I get **to work**

→ Work = (명사) 직장 → Get to work (O)

연습

직장으로 향하다	Head **to work** (O)	Head **Work** (X)
직장에 가다	Go **to work** (O)	Go **work** (X)
직장에 걸어가다	Walk **to work** (O)	Walk **work** (X)

사전 활용 **(사전으로 어휘의 품사 파악하기) : Work**

정리 부사 앞에는 '방향, 장소'의 전치사 to가 필요 X + 전치사 to는 명사와 함께 쓰임

전략 2 **반고정청크로 학습하자 원하는 의미를 쉽고 빠르게 표현할 수 있다.**

[**On my way back home**, I have dinner some place nearby.]

내가 ~로 가는 길에 = On my way (**to + 장소**) → 장소에 해당되는 어휘는 **명사**가 가능

On my way (**장소**) → 장소에 해당되는 어휘는 **부사**가 가능

On my way (to + 장소) = 내가 ~로 가는 길에

연습

(나의) 직장으로 가는 길에 = On my way (**to work**)

(그) 가게로 가는 길에 = On my way (**to the store**)

(그) 지하철역으로 가는 길에 = On my way (**to the subway station**)

On my way (장소) = 내가 ~로 가는 길에

연습

(나의) 집으로 가는 길에 = On my way (**home**)

시내로 가는 길에 = On my way (**downtown**)

On my way **back** (장소/to 장소) = 내가 ~로 **돌아가는** 길에

연습

(나의) 집으로 돌아가는 길에 = On my way **back (home)**

(나의) 직장/회사로 돌아가는 길에 = On my way **back (to work)**

전략 3 유사한 언어 형태가 제시된 경우, 이전 예시와 연결시켜 공통점을 파악하자.

[**After getting** to my desk, I first turn on my computer.
(4주차) **While listening**, I take a quick shower.]

4주차 학습내용

나는 (라디오 방송을) 들으면서 샤워를 빠르게 한다

= **While listening**, I take a quick shower.

= **While I listen**, I take a quick shower.

→ 주어 반복, 앞의 주어 생략 가능 + 동사의 형태는 동사-ing로 변형

현주차 학습내용

책상에 도착한 후, 나는 먼저 컴퓨터를 켠다.

= **After getting** to my desk, I first turn on my computer.

= **After I get** to my desk, I first turn on my computer.

연습

After + 동사-ing = ~한 후에

저는 출근한 후에 커피 한잔을 마십니다.

= **After getting to work**, I drink a cup of coffee.

저는 일을 마친 후에 헬스장에 갑니다.

= **After finishing (my)* work**, I go to the gym.

---

* 만약 my를 강조하고 싶지 않다면 my는 생략 가능함

응용 연습 **Before + 동사-ing = ~하기 전에**

저는 퇴근하기 전에 메일을 한번 더 체크합니다.

= **Before getting off work**, I check my emails again.

정리 통째로 외우지 말고 이전 예시문과 연결시켜 원리를 이해하면서 학습할 것

전략 4 한국어와 영어의 차이를 이해하자 한국어에 없는 전치사 사용에 익숙해지자.

[**For lunch**, I usually go to a restaurant with my colleagues.]

점심은 보통 동료들과 식당으로 갑니다.

→ 점심은 = (한국어의) 주제어, 화제어에 해당함

주제어(화제어)란? 문장(내용)의 '주제'가 되는 부분으로 문장의 문두에 제시됨

주제어 뒤에 제시되는 부분은 주제어에 대한 설명임

점심은 보통 동료들과 식당으로 갑니다. → 점심**에 대해서는**, 점심**에 대해 얘기하자면**

(영어로 표현하면) 전치사 for를 사용함

연습 **전치사 for = ~에 대해서는**

아침은 보통 계란과 우유를 먹습니다.

= **For breakfast**, I usually have eggs and milk.

저녁은 가볍게 먹습니다.

= **For dinner**, I eat light.

자세한 내용은 이 번호로 전화하세요.

= **For more information**, please call this number.

외국어는 반복연습이다 : 다음 의미를 영어로 표현할 수 있나요?

1 나는 동료들에게 인사를 한다. = *I say hi to my colleagues.*
2 그리고 나서 본격적으로 일을 한다. = *Then I get down to business.*
3 나는 집으로 돌아가는 길에 저녁을 먹는다. = *On my way back home, I have dinner.*

Part 3

영어학습전략

1 반고정청크로 학습하자 : 원리에 대한 이해 및 기본 청크를 응용하면 원하는 많은 의미를 표현할 수 있다.

2 전치사 학습법 : 전치사는 개별 전치사의 핵심 의미를 이해한 후 연결해서 익히자.

3 한국어와 영어의 차이를 이해하자 : 영어는 단수, 복수가 명확하고 복수형의 형태도 다양하다.

J o u r n a l

The first thing I do when I get home is wash my hands and change my clothes.

▸ 집에 와서 제일 먼저 하는 일은 손을 씻고 옷을 갈아입는 것이다.

Then I just sit or lie on my couch and watch some channels on YouTube.

▸ 그리고 나서 소파에 앉거나 누워서 유튜브로 몇 개 채널을 본다.

After some time, I log onto the HYCU homepage to watch my lessons.

▸ 시간이 좀 흐르면 수업을 듣기 위해 HYCU 홈페이지에 접속한다.

After a while, if I get very tired, I crawl into bed to sleep.

▸ 시간이 좀 지나 굉장히 피곤해지면 침대로 느릿느릿 들어가 잔다.

It's usually midnight by then.

▸ 그 때 쯤이면 보통 자정이 된다.

전략 1 **반고정청크로 학습하자** **원리에 대한 이해 및 기본 청크를 응용하면 원하는 많은 의미를 표현할 수 있다.**

[**The first thing I do** is wash my hands and change my clothes.]

(한국어 어순) 내가 제일 먼저 하는 일 = 수식어 + 피수식어

(영어 어순) The first thing (that) I do = 피수식어 + 수식어

내가 제일 먼저 하는 일은 (동사) 하는 것이다 = **The first thing I do is (동사*)**

문장 예시 내가 제일 먼저 하는 일은 **손을 씻는 것이다.**

= The first thing I do is **(wash my hands)**.

연습 내가 제일 먼저 하는 일은 **옷을 갈아입는 것이다.**

= The first thing I do is **(change my clothes)**.

내가 **제일 마지막에** 하는 일은 (동사) 하는 것이다 = The **last** thing I do is (동사)

연습 내가 **제일 마지막에** 하는 일은 **메일을 체크하는 것이다.**

= The **last** thing I do is **(check my emails)**.

내가 **~(시간)에** 제일 먼저 하는 일은 (동사) 하는 것이다

= The first thing I do **(시간)** is (동사)

연습 내가 **아침에** 제일 먼저 하는 일은 **물을 마시는 것이다.**

= The first thing I do **in the morning** is **(drink water)**.

* 원래 청크는 "The first thing I do is to 동사"로 'to 동사'의 의미는 '~하는 것'으로 해석됨. 즉 '~하는 것'의 의미는 'to 동사'의 형태로도 표현 가능함. (예시) It was a good decision to come here today. = 오늘 여기 온 것은 잘한 결정이었다. 이 예시문에서의 to는 생략 불가능하지만 위 청크에서의 to는 생략 가능함. 해석은 to가 생략된 것뿐이므로 '~하는 것'으로 그대로 해석함

내가 **집에 도착해서** 제일 먼저 하는 일은 **손을 씻는 것이다.**

= The first thing I do **when I get home** is (**wash my hands**).

내가 ~(장소)에서 제일 먼저 하는 일은 (동사) 하는 것이다

= The first thing I do (**장소**) is (동사)

연습 내가 **직장에서** 제일 먼저 하는 일은 **커피 한잔 마시는 것이다.**

= The first thing I do **at work** is (**drink a cup of coffee**).

전략 2 **전치사 학습법** **개별 전치사의 핵심 의미를 이해한 후 연결해서 익히자.**

[I have my wallet **in** my bag. I usually go **to** a restaurant. I crawl **into** bed to sleep.]

In = 입체적인 공간 (~ 안에)

예시 내 가방 **안에** (있다) = **in** my bag

내 방**에** (있다) = **in** my room

To = 방향, 이동 (~로)

예시 식당**으로** = **to** a restaurant

내 사무실**로** = **to** my office

Into = In (입체적인 공간) + To (방향, 이동) = ~ 안으로

예시 **침대 속으로** 들어가다 = get **into bed**

(피곤해서) **침대 속으로** 느릿느릿 들어가다 = crawl **into bed**

[I sit or lie **on** my couch and watch some channels **on** YouTube.]

On = 지면 (~ 위에)

예시

소파에 앉다

sit **on my couch (O)** sit **in my couch (X)**

소파에 눕다

lie **on my couch (O)** lie **in my couch (X)**

유투브로 몇 개 채널을 시청하다

watch some channels **on YouTube (O)**

watch some channels **in YouTube (X)**

TV로 뉴스를 시청하다

watch news **on TV (O)** watch news **in TV (X)**

인터넷으로 뉴스를 시청하다

watch news **on the Internet (O)**

watch news **in the Internet (X)**

[I log **onto** the HYCU homepage.]

Onto = On (지면) + To (방향, 이동) = ~(상)에, ~(상)으로

예시

HYCU 홈페이지에 접속하다

= **log onto** the HYCU homepage (또는 **log into**도 가능)

정리

전치사 학습법 → 전치사가 사용된 표현들을 통째로 외우는 것보다 먼저 전치사의 핵심 의미를 이해한 후, 관련 표현들을 익힐 것

전략 3 **한국어와 영어의 차이를 이해하자** **영어는 단,복수가 명확하고 복수형의 형태도 다양하다.**

[hand**s** grocer**ies** tomato**es** yoursel**ves** t**ee**th]

(영어) The first thing I do is wash **my hands**. (O)

(한국어) 내가 제일 먼저 하는 일은 **손을** 씻는 것이다. (O)

(한국어) 내가 제일 먼저 하는 일은 **손들을** 씻는 것이다. (X)

(영어) The first thing I do is wash **my hand**. (X)

→ (한국어) 단수, 복수의 구별이 엄격하지 않음 (영어) 단수, 복수를 명확히 구별함

영어의 복수형 : 다양한 형태가 존재함

예시

(1) –s : hand**s**, channel**s**, email**s**, colleague**s**, errand**s**, key**s**, day**s**, minute**s**, station**s**

(2) –ies : grocer**y** → grocer**ies** (규칙 : 자음 + y → ies)

(3) –es : tomato → tomato**es**, potato → potato**es** (규칙 : 자음 + o → es)

(4) –ves : yoursel**f** → yoursel**ves** (규칙 : 발음상 f로 끝날 때 → ves)

(5) 영어의 불규칙 복수 : t**oo**th → t**ee**th, wom**a**n → wom**e**n, child → child**ren**

사전 활용 **(사전으로 명사의 복수형 파악하기) : Hand, Grocery, Tomato, Yourself, Tooth**

정리 영어의 복수형은 대체로 –s로 끝나지만 이 외에 다양한 형태가 존재함

외국어는 반복연습이다 : 다음 의미를 영어로 표현할 수 있나요?

1 내가 아침에 제일 먼저 하는 일은 물을 마시는 것이다.

= *The first thing I do in the morning is drink water.*

2 그리고 나서 소파에 앉는다. = *Then I sit on my couch.*

3 나는 수업을 듣기 위해 HYCU 홈페이지에 접속한다.

= *I log onto (또는 into) the HYCU homepage to watch my lessons.*

My Typical Day

Every morning I struggle to get out of bed. My alarm goes off at 6 o'clock, but I don't wake up right away. I always hit the snooze button and immediately fall back asleep. It's like a ritual for me. I have always tried to break this habit but have always failed. I feel like it's an uphill battle.

I usually end up getting up at 7ish. As soon as I'm up, I head to the kitchen and drink a glass of water. I always feel very thirsty when I wake up. I think drinking water first thing in the morning is good for me. It helps me become alert. To completely wake up and boost my mood, I turn on the radio and listen to my favorite morning show. While listening, I take a quick shower and dry my hair as quickly as possible. If a song that I know plays, I sing along.

Since I usually sleep in, I'm always in a rush. I usually make toast and have it with a cup of coffee. If I have a bit of time, I do a little cooking. I first put in olive oil and fry some diced tomatoes and onions. Then I add some eggs and mix. But if I'm really short on time, I just take some oat flour out of the fridge and mix it with water. Then I drink it up quickly.

After breakfast, I get myself ready for work. I brush my teeth, get dressed, do my hair, and put on make-up. Before I head out, I grab my keys and phone. I also make sure I have my wallet in my bag. I often forget to take it when I go out. I usually walk to work because it's only two subway stations away. It takes about 45 minutes on foot. This is the only time I get exercise. Some days, I catch a taxi if I'm really in a rush.

When I get to work and walk through the front door, I say hi to my colleagues. After getting to my desk, I first turn on my computer and check my emails. Then I get down to business. For lunch, I usually go to a restaurant with my colleagues. At around 6pm, I get ready to go home. I don't often head home directly. I usually run a few errands like picking up groceries. Or I pick up my laundry from the dry cleaner's. On my way back home, I have dinner some place nearby. Or I order it to go.

The first thing I do when I get home is wash my hands and change my clothes. Then I just sit or lie on my couch and watch some channels on YouTube. After some time, I log onto the HYCU homepage to watch my lessons. After a while, if I get very tired, I crawl into bed to sleep. It's usually midnight by then.

What Makes You Happier, Experiences or Things? [1]

6

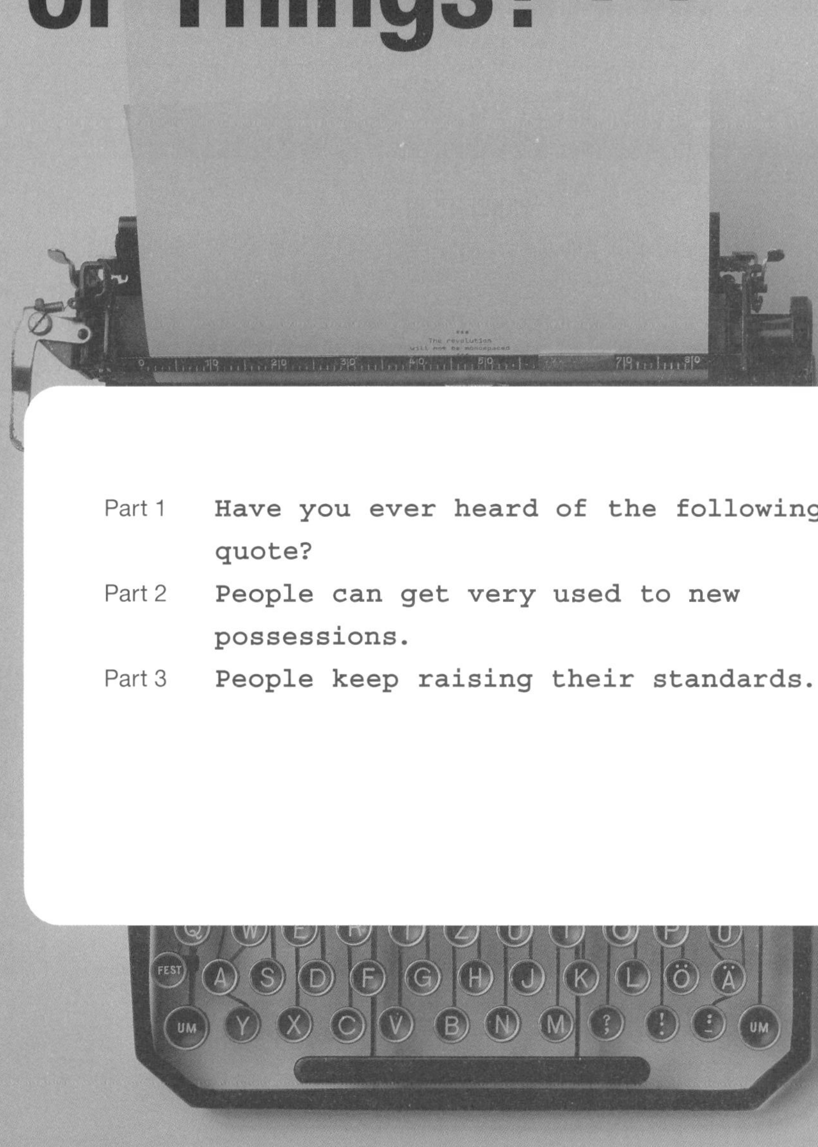

Part 1 **Have you ever heard of the following quote?**

Part 2 **People can get very used to new possessions.**

Part 3 **People keep raising their standards.**

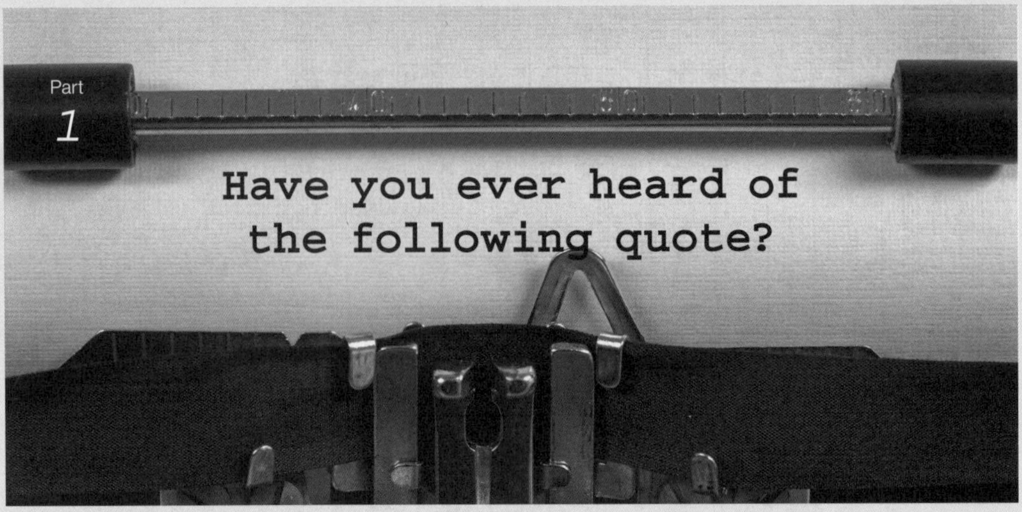

영어학습전략

1 시제 학습법 :
과거에 배운 시제와 연결시킨 후 반고정청크로 학습하자 : 원리 이해와 반고정청크 학습법의 통합적인 활용이 효과적인 학습방법이다.

2 의사소통 시 빈번히 사용되는 표현은 반고정청크로 학습하자 : 빠른 발화가 가능하다.

3 동사 학습법 :
❶ 동사가 취하는 다양한 패턴을 익히자 : 정확한 문장 해석이 가능하다.
❷ 동사의 패턴은 사전의 도움 없이도 유추할 수 있다 : 반복되는 형태에 주목하자.

Talk

Have you ever heard of the following quote?

▸ 여러분은 다음 인용구에 대해 들어본 적이 있나요?

"Fill your life with experiences, not things. Have stories to tell, not stuff to show."

▸ "여러분의 삶을 물건이 아닌 경험으로 채우세요. 보여줄 것들이 아니라, 이야기 거리들을 가지세요."

What do you think this means?

▸ 여러분은 이 말이 무엇을 의미한다고 생각하세요?

It means happiness comes from experiences, not from material things.

▸ 이 말이 의미하는 것은 행복은 물질적인 것에서 나오는 것이 아니라 경험에서 나온다는 것이죠.

In fact, psychologists say "Don't spend money on things. Spend money on experiences."

▸ 실제루 심리학자들은 "물건에 돈을 쓰지 말고, 경험에 돈을 쓰세요."라고 말합니다.

Why do they say that?

▸ 심리학자들은 왜 그런 말을 할까요?

There are three reasons.

▸ 세 가지 이유가 있습니다.

전략 1 **시제 학습법** **과거에 배운 시제와 연결시킨 후 반고정청크로 학습하자 : 원리 이해와 반고정청크 학습법의 통합적인 활용이 효과적인 학습방법이다.**

[**Have you ever heard** of the following quote?]

4주차 학습내용 I **have seen** that movie ten times. → 평서문에 사용된 현재완료형

의문문에 사용된 현재완료형의 예시 → **Have** you ever **heard** of ~ ?
= **Have** you (ever) **동사의 과거분사**?

연습 이 노래 들어 봤어? (과거부터 시작하여 현재 시점을 포함하여)

= **Have you (ever) heard of** this song?

(외국인에게) '대박'이라는 한국어 슬랭 들어 본 적 있어요?

= **Have you (ever) heard of** this Korean slang, '대박'?

응용 연습 (외국인에게) 김치 먹어 본 적 있어요?

= **Have you (ever) eaten / had / tried** kimchi?

텐트에서 자 본 적 있어요?

= **Have you (ever) slept** in a tent?

마라톤 뛰어 본 적 있어요?

= **Have you (ever) run*** a marathon?

연예인 실제로 본 적 있어요?

= **Have you (ever) seen** a celebrity in real life?

---

* 동사 run의 3단 변형 = run(현재) – ran(과거) – run(과거분사)
run의 경우 현재형과 과거분사형이 동일함

전략 2 의사소통 시 빈번히 사용되는 표현은 반고정청크로 학습하자 **빠른 발화가 가능하다.**

[Why do they say that? **There are** three reasons.]

There are (복수명사) = ~가 있다

문장 예시 그 아파트는 침실이 3개 있어요.

= **There are (three bedrooms)** in that apartment.

그 아파트는 화장실이 2개 있어요.

= **There are (two bathrooms)** in that apartment.

There is / There's (단수명사) = ~가 있다

문장 예시 네 책상에 편지가 있더라.

= **There's (a letter)** on your desk.

우리 집 근처에 괜찮은 카페가 있어.

= **There's (a decent cafe)** near my place.

우리 수업에 미국인 학생이 한 명 있어.

= **There's (an American student)** in my class.

관사 a / an의 쓰임

→ a + 첫 번째 철자가 자음으로 발음되는 단어 예 **a l**etter, **a d**ecent cafe

an + 첫 번째 철자가 모음으로 발음되는 단어 예 **an A**merican student

응용 연습 거리에 사람들이 굉장히 많이 있어.

= **There are (so many people)** on the street.

한국에는 커피샵이 굉장히 많이 있어.

= **There are (so many coffee shops)** in Korea.

전략 3 **동사 학습법** **❶ 동사가 취하는 다양한 패턴을 익히자 : 정확한 해석이 가능하다.**

[It **means** happiness comes from experiences.]

It means **happiness** / comes from experiences.

(비교) It means / **happiness comes from experiences**.

Mean 동사의 사용 패턴 = ❶ Mean + 목적어(명사) = ~을 의미하다

문장 예시 It **means happiness**. = 그건 행복을 의미해.

Mean 동사의 사용 패턴 = ❷ Mean + (that) 목적어(주어 + 동사) = ~을 의미하다

문장 예시 It means **(that) happiness comes from experiences**.

사전 활용 **(사전으로 동사의 다양한 패턴 확인하기) : Mean**

동사 학습법 ❷ 동사의 패턴은 사전의 도움 없이도 유추할 수 있다 : 반복되는 형태에 주목하자.

["Don't **spend money on** things. **Spend money on** experiences."]

위 문장에서 동사 Spend의 패턴을 유추하면? → Spend money on 명사

사전 활용 (사전으로 유추한 패턴을 확인하기) : Spend

정리 영어 지문에서 특정 어휘, 특정 의미 등이 특정한 형태로 반복되어 제시될 때
사전 없이 사용 패턴을 유추해 보기 + 그 후에 사전을 통해 확인 및 정리하기

Spend 동사의 사용 패턴 = ❶ Spend '돈' on 명사 = ~에 돈을 쓰다

연습 나 이번 달에 식비로 오십만 원 썼어.

= I **spent 500,000 won on food** this month.

Spend 동사의 사용 패턴 = ❷ Spend '시간' 동사-ing = ~하는데 시간을 쓰다

연습 나 프레젠테이션 준비하느라 밤을 새웠어.

= I **spent all night preparing** my presentation.

외국어는 반복연습이다 : 다음 의미를 영어로 표현할 수 있나요?

1 (외국인에게) 김치 드셔 본 적 있어요? = *Have you ever eaten / had / tried kimchi?*
2 세 가지 이유가 있습니다. = *There are three reasons.*
3 물건에 돈을 쓰지 마세요. 경험에 돈을 쓰세요.
= *Don't spend money on things. Spend money on experiences.*

영어학습전략

1 어휘 학습법 :

❶ 여러 어휘의 뭉치로 익혀야 하는 어휘들이 있다 : 빠른 발화가 가능하다.

❷ 접사를 활용하여 어휘를 나누자 : 어렵게 보이는 어휘가 쉬워지고 오래 기억할 수 있다.

❸ 같은 종류에 속하는 어휘들은 모아서 같이 익히자 : 이해가 쉬워진다.

2 의사소통 시 빈번히 사용되는 표현은 반고정청크로 익히자 : 빠른 발화가 가능하다.

Talk

First, people can get very used to new possessions.

▸ 첫째, 사람들은 새로운 소유물에 매우 익숙해질 수 있기 때문입니다.

Let's say you just bought a shiny new car.

▸ 여러분이 방금 반짝거리는 새 차를 샀다고 가정해 봅시다.

At first, you might be thrilled about it.

▸ 처음에는 새로 산 차에 신이 날지도 모릅니다.

But soon enough, you find* your new car seems very familiar.

▸ 하지만 곧 여러분은 여러분의 새 차가 매우 친숙해 보인다는 것을 알게 됩니다.

It loses its novelty.

▸ 여러분의 새 차는 그 새로움을 잃게 되는 것이죠.

In short, it gets old.

▸ 간단히 말하자면 그 새 차가 질리게 됩니다.

---

* 이 문장에서 find도 that절을 취할 수 있는 동사로 that이 생략된 구문임

전략 1 **어휘 학습법** ❶ **여러 어휘의 뭉치로 익혀야 하는 어휘들이 있다 : 빠른 발화가 가능하다.**

[People can **get very used to** new possessions.]

Get used to 명사/명사로 끝나는 것 = ~에 익숙해지다

연습 (시간이 지나면) 추위에 익숙해 질 거야. = I'll **get used to** the cold.

(시간이 지나면) 더위에 익숙해 질 거야. = I'll **get used to** the heat.

(시간이 지났음) 더위에 익숙해 졌어. = I **got used to** the heat.

Get used to 동사-ing = ~하는 데 익숙해지다

연습 (외국인이) (시간이 지나면) 김치 먹는 것에 익숙해질 거야.

= I'll **get used to eating** kimchi.

(시간이 지났음) 김치 먹는 것에 익숙해졌어.

= I **got used to eating** kimchi.

어휘 학습법 ❷ **접사를 활용하여 어휘를 나누자 : 어렵게 보이는 어휘가 쉬워지고 오래 기억할 수 있다.**

[People can get very used to new **possessions**.]

Possession (명사) = Possess (동사) + **-ion** **(접미사 : 동사를 명사로 변형)**

2주차 학습내용 Education (명사) = Educat**e** (동사) + –ion

1주차 학습내용 Decision (명사) = Deci**de** (동사) + **-sion** **(접미사 : 동사를 명사로 변형)**

1주차 학습내용 Introduc**e** (동사) → Introduction (명사) = Introduc**e** + **-tion**

2주차 학습내용 Graduat**e** (동사) → Graduation (명사) = Graduat**e** + –ion

Congratulat**e** (동사) → Congratulation (명사) = Congratulat**e** + –ion

Express (동사) → Expression (명사) = Express + –ion

예 English expressions = 영어 표현

정리 긴 어휘도 결국은 기본 단어에서 파생된 것

\+ 어휘를 동사, 명사로 개별적인 어휘로 익히지 말고 하나의 쌍으로 익히기

이 때, 동사를 명사로 바꾸는 접미사 활용하기

어휘 학습법 ❸ 같은 종류에 속하는 어휘들은 모아서 같이 익히자 : 이해가 쉽다.

[At first, you **might** be thrilled about it.]

조동사 Might = (추측, 가능성) ~일지도 모른다, ~일 수도 있다

조동사에 속하는 어휘 → 한 개 어휘로 구성된 조동사 예 can, will, might

\+ 여러 어휘로 구성된 조동사 예 have to*

조동사 Can = (가능성) ~할 수 있다

4주차 학습내용 내일 아침 일찍 전화해 줄 수 있어?

= **Can you call** me first thing tomorrow?**

* 미래(현재의 증거를 근거로, 곧 일어날 가능성이 높은 일)를 나타내는 be going to (= ~일, ~할 것이다)도 여러 어휘로 구성된 조동사임
예시 : (4주차) I feel like I**'m going to** throw up. = 나 토할 것 같아. (어순 = be going to + 본동사)

** 추가예시 : (4주차) I **can** stay in bed all morning. = 오전 내내 침대에 있을 수 있어. (= 안 일어나도 돼.)

조동사 Can = (허락) ~해도 된다

4주차 학습내용 네 침대에 앉아도 될까?

= **Can I sit** on your bed?*

조동사 Will = (의향, 의지) ~하겠다 (미래 예측) ~일, ~할 것이다

4주차 학습내용 제가 아이들을 재울게요.

= **I'll put** the kids to bed.** (I'll = I will)

조동사 Have to = (의무, 당위성) ~해야 한다

3주차 학습내용 나 가야 해. (고객과 약속이 있거든.)

= **I have to go**.***

정리 조동사의 역할 → 본동사의 의미에 추가적인 의미를 더할 때 사용

추가적인 의미란? 추측, 가능성, 허락, 의향/의지, 의무/당위성, 미래의 전반적인 예측, 미래 확실성이 높은 일 등의 의미

어순은? (평서문) 주어 + 조동사 + 본동사(동사원형)

(의문문) 조동사 + 주어 + 본동사(동사원형)?

---

* 추가예시: (2주차) 숙제 다했으니까, 놀아도 돼. = Since you did your homework, you **can** play.

** 추가예시: (5주차) 내가 아이들 등교 준비시킬게. = **I'll** get the kids ready for school.
(4주차) 커피 가격이 20% 인상될 것으로 예상합니다. = We expect that the price of coffee **will** increase by 20%.

*** 추가예시 : (3주차) I **have to** write in English. = 저는 영어로 글을 써야 합니다.

전략 2 의사소통 시 빈번히 사용되는 표현은 반고정청크로 익히자 빠른 발화가 가능하다.

[**Let's say** you just bought a shiny new car.]

Let's say ((that) 주어 + 동사) = ~한다고 상상해 봅시다, 가정해 봅시다, ~한다고 칩시다

연습

(Job Interview) 우리 회사가 당신을 고용한다고 가정해 봅시다.

= **Let's say** (we hire you.)

당신이 복권에 당첨된다고 가정해 봅시다.

= **Let's say** (you win the lottery).

(친구에게) 내 차를 판다고 치자.

= **Let's say** (I sell my car).

외국어는 반복연습이다 : 다음 의미를 영어로 표현할 수 있나요?

1 사람들은 새로운 소유물에 매우 익숙해 질 수 있습니다.

= *People can get very used to new possessions.*

2 (친구에게) 내 차를 판다고 치자. = *Let's say I sell my car.*

3 처음에는 여러분의 새 차에 신이 날지도 모릅니다.

= *At first, you might be thrilled about your new car.*

영어학습전략

1 어휘 학습법 :

❶ 어휘의 품사를 파악하자 : 원리를 이해하며 문장을 만들 수 있다.

❷ 문장에서 어휘의 역할은 다양하다. 다양한 역할에 노출되자 : 정확한 해석이 가능하다.

❸ 여러 어휘의 뭉치로 익혀야 하는 어휘들이 있다 : 정확한 해석이 가능하다.

2 전치사 사용법 : 형용사와 함께 사용되는 전치사는 형용사가 결정한다.

Talk

Second, people keep raising their standards.

▸ 둘째, 사람들은 계속해서 기준을 높입니다.

As we get accustomed to our new possessions, we look for even better ones.

▸ (즉) 우리는 우리의 새로운 소유물에 익숙해지면서 훨씬 더 나은 것을 찾게 됩니다.

It's just like the saying goes, "Greed has no limits."

▸ 이 말(상황)은 "욕심은 끝이 없다"라는 속담과도 같은 말(상황)이죠.

Third, people often can't help comparing their possessions with other people's possessions.

▸ 셋째, 사람들은 종종 소유물을 다른 사람의 소유물과 비교하지 않을 수가 없습니다.

If our friends or acquaintances have fancier items, we try to have better ones.

▸ (예를 들어) 우리 친구나 지인들이 더 멋진 물건을 가지고 있으면 우리는 더 좋은 것을 가지려고 노력합니다.

And we feel less satisfied with what we have.

▸ 그리고 우리가 가진 것에 대해 덜 만족스러워 합니다.

전략 1 **어휘 학습법** ❶ **어휘의 품사를 파악하자 : 원리를 이해하며 문장을 만들 수 있다.**

[**As** we get accustomed to our new possessions, we look for even better ones.]

접속사란? 2개 아이디어 또는 2개 문장들을 의미적으로 연결하는 역할을 함

'문장'이란, 최소 '주어 + 동사'는 있어야 함

As 주어 + 동사, 주어 + 동사 = ~하면서

연습

나 사무실 나가면서 John 봤어.

= As I was leaving the office, I saw John.

나 집에 오면서 길 고양이 한 마리 봤어.

= As I was coming home, I saw a stray cat.*

어휘 학습법 ❷ **문장에서 어휘의 역할은 다양하다. 다양한 역할에 노출되자 : 정확한 해석이 가능하다.**

[As we get accustomed to our new possessions, we look for even better **ones**.]

대명사 One이란? 앞에 이미 언급되었거나 상대방도 알고 있는 사람, 사물을 가리킬 때 사용

즉, 명사의 반복을 피하기 위해 사용함**

---

* 추가예시 : 그 분은 나이가 들면서 더 멋져 보이셔.
= As s/he gets older, s/he looks more attractive.

** 또는 '명사구'의 반복을 피하기 위해 사용됨. '명사구'란 명사를 중심으로 두 개 이상의 어휘로 구성된 언어의 단위임 (예 : 관사 + 명사, 관사 + 형용사 + 명사). 이전 주차들에서 사용된 '명사로 끝나는 것'을 문법 용어로 표현하면 '명사구'로 표현됨

1주차 학습내용

남학생 : Hope we meet again at **an offline event**.

여학생 : Sure, me too. I'm looking forward to the first **one**.

연습

A: 저는 아이스 아메리카노 한 잔 마실게요.

= I'll have **an* iced Americano**.

B: 저도 아이스 아메리카노 한 잔 마실게요.

= I'll have **one**, too.

나 아이스크림 하나 사먹을 건데, 너도 먹을래?

= I'm going to** get **an*** ice cream**. Do you want **one**, too?

어휘 학습법 ❸ 여러 어휘의 뭉치로 익혀야 하는 어휘들이 있다 : 정확한 해석이 가능하다.

[People often **can't help comparing** their possessions with other people's possessions.]

Can't help / comparing = 도울 수 없다 / 비교하는 것을 (X)

Can't help comparing = 비교하지 않을 수 없다 (O)

→ Can't help 동사-ing = ~하지 않을 수 없다

* **an** iced Americano의 의미는 **a cup of** iced Americano를 의미함. 즉, '한 잔'을 의미함

** 위 문장에서 be going to는 이미 계획했거나 결정한 일을 표현하기 위해 사용되었음

*** 기본적으로 셀 수 없는 명사인 ice cream에 관사 an이 사용된 이유는 이 맥락에서는 콘(cone)이나 컵(cup)처럼 셀 수 있는 아이스크림으로 의미되었기 때문임 (관사 a/an은 셀 수 있는 명사 앞에 사용됨)

전략 2 **전치사 사용법** **형용사와 함께 사용되는 전치사는 형용사가 결정한다.**

[We feel less **satisfied with** what we have.]

전치사 With = ~와 함께

문장 예시 나 John 이랑 있어.

= I'm **with John**.

전치사 With = ~에 대해

문장 예시 We feel less satisfied **with what we have**.

~ 에 대해 만족하다 = Feel satisfied with **(O)**

Feel satisfied about **(X)**

→ 형용사 Satisfied는 with와 함께 사용됨

사전 활용 **(사전으로 형용사와 함께 쓰이는 전치사 파악하기) : Satisfied**

외국어는 반복연습이다 : 다음 의미를 영어로 표현할 수 있나요?

1 사람들은 계속해서 기준을 높입니다. = *People keep raising their standards.*

2 (속담) 욕심(탐욕)은 끝이 없죠. = *Greed has no limits.*

What Makes You Happier, Experiences or Things? [2]

7

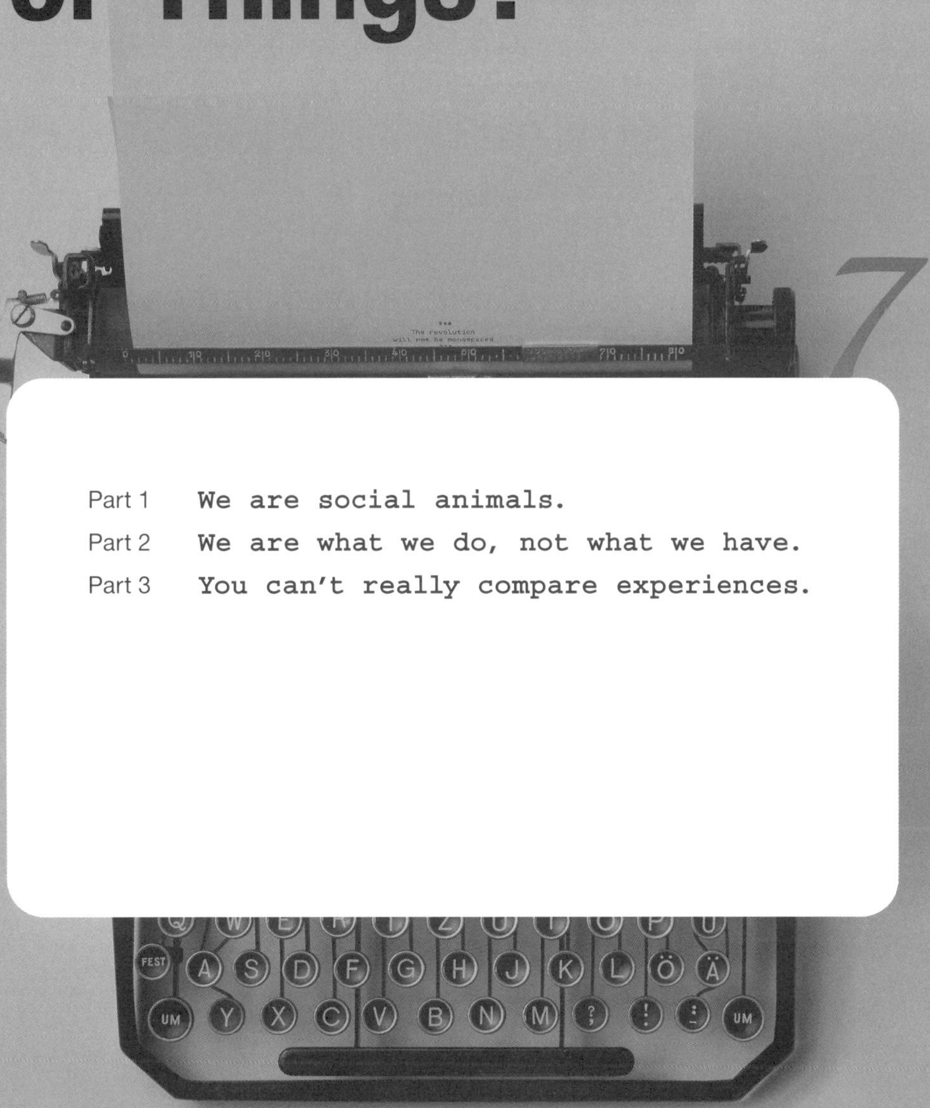

Part 1 We are social animals.

Part 2 We are what we do, not what we have.

Part 3 You can't really compare experiences.

영어학습전략

1 동사 학습법 : 동사가 취하는 다양한 패턴을 익혀 두자. 정확한 문장 해석이 가능하다.

2 형용사 학습법 : 형용사를 공부할 때는 비교급도 확인해 두자.

Talk

Then why do experiences make people happier than possessions?

▸ 그렇다면 왜 경험이 사람들을 소유물보다 더 행복하게 해 주나요?

Psychologists say it's also due to three reasons.

▸ 심리학자들은 이것 또한 3가지 이유 때문이라고 말합니다.

First, we are social animals.

▸ 첫째, 우리는(=인간은) 사회적 동물입니다.

That is, we find joy and comfort in relationships with others.

▸ 즉 우리는 다른 사람들과의 관계에서 기쁨과 위안을 발견합니다.

And experiences often happen with other people.

▸ 그리고 경험은 종종 다른 사람들과 함께 있을 때 생겨납니다.

For example, we typically go on vacation or to concerts* with family or friends.

▸ 예를 들어 우리는 보통 가족 또는 친구들과 함께 휴가나 콘서트를 갑니다.

By sharing experiences with others, we feel more connected.

▸ 다른 이들과 경험을 공유함으로써 우리는 더욱 많은 유대감을 느낍니다.

And if the experiences are positive, we often want to remember them because they give us happiness.

▸ 그리고 그 경험들이 긍정적이면 우리는 종종 그 경험들을 기억하고 싶어합니다. 왜냐하면 그 경험들은 우리에게 행복감을 주기 때문이죠.

In contrast, our possessions may give us pleasure in the beginning.

▸ 반대로 우리의 소유물들은 처음에는 우리에게 즐거움을 줄 수도 있습니다.

But soon, the excitement fades, for the reasons I mentioned.

▸ 하지만 곧 그 신나는 감정은 제가 (앞서서) 언급했던 이유들로 인해 사라집니다.

---

* go to concerts의 go가 생략되었음

전략 1 **동사 학습법** **동사가 취하는 다양한 패턴을 익히자 : 정확한 문장 해석이 가능하다.**

[Why do experiences **make people happier** than possessions?]

4주차 학습내용 I usually **make toast** and have it with a cup of coffee.

Make 동사의 사용 패턴 = ❶ Make + 목적어(명사/대명사) = ~을 만들다

문장 예시 I **make toast**. I can **make a cake**. I can **make a chair**.

→ Can의 의미 = 능력 (~할 줄 알다)

현주차 학습내용 Why do experiences **make people happier** than possessions?

Make 동사의 사용 패턴 = ❷ Make + 목적어(명사/대명사) + 형용사

= ~을 ~하게 하다, ~하게 만들다

문장 예시 This song **made him famous**.

= 이 노래는 그를 유명하게 만들었어.

5주차 학습내용 나 화나게 하지 마.

= Don't **get me angry**.

= Don't **make me angry**.

현주차 학습내용 What **makes you happier**, experiences or things?

[Positive experiences **give us happiness**. Our possessions may **give us pleasure**.]

문장 예시

Positive experiences **give us happiness**.

→ 우리에게 = 간접목적어, 행복을 = 직접목적어

Give 동사의 패턴 = ❶ Give + 사람 + 사물 (또는 사람이 아닌 것) = ~에게 ~을/를* 주다

문장 예시

Positive experiences **give us happiness**.

Our possessions may **give us pleasure**.

연습

(친구에게) 내일 (나에게) 전화 줘. = Give **me a call** tomorrow.

(내게) 10분 시간을 줘. = Give **me 10 minutes**.

(비즈니스 상황) Give **me your name**, please. = 성함 알려 주세요.

(친구/지인에게) 내가 데워 줄게. / 제가 태워 드릴게요. = I'll give **you a ride**.

Give 동사의 패턴 = ❷ Give + 사물 (또는 사람이 아닌 것) + to 사람 = ~을/를 ~에게 주다

문장 예시

I gave a chocolate bar **to** the boy.

= I gave the boy a chocolate bar.

* 한국어로 '~에게'로 해석되면 '간접목적어'이고, '~을/를'로 해석되면 '직접목적어'라고 함

전략 2 **형용사 학습법** **형용사를 공부할 때는 비교급도 확인해 두자.**

[Why do experiences make people **happier than** possessions?]

형용사의 비교급 만들기 = ❶ 형용사 + -er (접미사) = 더 ~한

happy (행복한) + -er = happier (더 행복한)

6주차 학습내용 If our friends have **fancier** items

= 우리 친구들이 **더 멋진** 아이템을 가지고 있다면

fancy (화려한, 멋진, 값비싼) + -er = fancier (더 화려한, 더 멋진, 더 값비싼)

접미사에 대한 재정리 → 접미사가 항상 품사를 바꾸는 것은 아님

(예외) happy (형용사) – happier (형용사)

→ 형용사에 비교급의 접미사를 붙여도 품사는 형용사임

비교급 연습

Old (늙은, 나이가 많은) → Old**er** (더 늙은, 더 나이가 많은)

예 저 사람은 **우리 형**이야. 우리 형은 나보다 **두 살이 더 많아.**

= That's **my older brother**. He's **two years older** than me.

Young (젊은, 어린) → Young**er** (더 젊은, 더 어린)

예 저 여자애는 **내 여동생**이다.

= That's **my younger sister**.

내 동생은 나보다 **2살이 어려.**

= She is **two years younger** than me.

형용사의 비교급 만들기 = ❷ More + 형용사 = 더 ~한

문장 예시 We feel **more connected**. = 우리는 더 많은 유대감을 느낀다.

비교급의 ❶ 규칙 변화

→ 1음절 형용사 (old, young) + -er (older, younger)

2음절 형용사 (happy, fancy) + -er (happier, fancier)

3음절 이상의 형용사 (connected) → more + connected

(3주차) 더 체계적인 교육 = a more systematic education*

비교급의 ❷ 불규칙 변화

→ good (~에 능한, 좋은)의 비교급은? gooder (X) better (O)

문장 예시

그는 **요리를 잘 해**. 근데 John이 **더 잘해.**

= He's **a good cook**. But John is **better**.

(= But John is **a better cook**.)

이 방이 **전망(view)이 더 좋은데**. (영어식 표현 : 이 방은 더 좋은 전망을 가지고 있다.)

= This room has **a better view**.

이 방은 **바다가 더 잘 보여요**. (영어식 표현 : 이 방은 더 좋은 바다 전망을 가지고 있다.)

= This room has **a better ocean view**.

사전 활용 (음절 수를 정확히 모를 때 사전으로 형용사의 비교급 파악하기) : Happy, Good, Systematic

---

* 2음절의 형용사에서도 more를 붙이는 경우가 있음 예 urgent (2음절) = 시급한 → more urgent = 더 시급한

외국어는 반복연습이다 : 다음 의미를 영어로 표현할 수 있나요?

1 첫째, 우리는(=인간은) 사회적 동물입니다. = *First, we are social animals.*

2 무엇이 여러분을 행복하게 해 주나요? = *What makes you happy?*

3 긍정적인 경험은 우리에게 행복을 줍니다. = *Positive experiences give us happiness.*

Part 2

영어학습전략

1 영어식의 표현을 이해한 후, 반고정청크로 학습하여 무제한의 문장을 만들어보자.

2 동사 학습법 : 동사가 취하는 다양한 패턴을 익혀 두자. 정확한 문장 해석이 가능하다.

3 언어는 경제성의 원칙을 따른다 : 반복되는 것은 생략한다.

Talk

Second, psychology research concludes that "we are what we do, not what we have."

▸ 둘째, 심리학 연구는 "우리의 정체성은 우리가 소유한 것이 아니라 우리가 하는 것, 행위로 결정이 된다."고 결론을 짓습니다.

What do you think it means?

▸ 여러분은 그 말이 무엇을 의미한다고 생각하세요?

People usually like to talk and hear about experiences.

▸ 사람들은 보통 경험에 대해 말하고 (경험에 대해) 듣는 것을 좋아합니다.

Why?

▸ 왜냐고요?

This is because experiences add much more to our identity than material goods.

▸ 경험이 물질적인 것보다 우리의 정체성에 훨씬 더 많은 것을 더해주기 때문입니다.

Imagine you just bought a luxurious new car.

▸ 여러분이 고급스러운 새 차를 막 샀다고 상상해보세요.

Is that going to change who you are?

▸ 그것(=고급스러운 새 차를 샀다는 것)이 여러분이 어떤 사람인지에 변화를 줄까요?

Not really.

▸ (사실은) 그렇지 않습니다.

But an experience can.

▸ 그러나 경험은 그렇게 할 수 있습니다(=여러분이 어떤 사람인지에 변화를 줄 수 있습니다).

전략 1 **영어식의 표현을 이해한 후, 반고정청크로 학습하여 무제한의 문장을 만들어보자.**

[**We are what we do**, not **what we have**.]

What의 해석 = (평서문) ~하는 것 (의문문) 무엇

6주차 학습내용

We feel less satisfied with what we have.

= 우리가 가진 것

현주차 학습내용

We are what we do, not what we have.

= 우리가 하는 것 = 우리가 가진 것

We are what we do, not what we have.

(직역) 우리는 우리가 하는 것이다, 우리가 가진 것이 아니라.

(의역) 우리가 어떤 사람인지 알려주는 것은 우리가 소유한 물건이 아니라 우리가 하는 것, 행위에서 비롯된다. 즉, 우리의 정체성은 우리가 가진 물건이 아니라 우리가 어떤 경험을 했는지에서 드러난다.

We are what (주어 + 동사) = 우리는(사람은) ~이다, ~하는 대로 된다

문장 예시

We are what (we think).

= 우리는 생각하는 대로 된다 (=우리는 우리가 생각하는 것이다).

→ 생각이 사람을 만든다.

We are what (we eat).

= 우리의 몸은 우리가 섭취한 음식물의 결과물이다 (=우리는 우리가 먹는 것이다).

→ 건강해지려면 건강한 음식을 먹어라.

We are what (we wear).

= 우리는 우리가 입는 옷차림대로 행동한다 (=우리는 우리가 입는 것이다).

→ 상대방에게도 우리가 입은 옷차림대로 우리의 이미지가 전달된다.

전략 2 **동사 학습법** **동사가 취하는 다양한 패턴을 익히자 : 정확한 문장 해석이 가능하다.**

[Psychology research **concludes that "we are what we do, not what we have."**]

해석 Psychology research concludes that / "we are what we do, not what we have."
= **그것을** 결론짓다 **(X)**

Psychology research concludes / that "we are what we do, not what we have."
= **that 이하를** 결론짓다 **(O)**

동사 Conclude의 가능한 패턴 중 한 패턴
= Conclude **(that) 주어 + 동사 → that 주어 + 동사 = that 절**
= (주어 + 동사)라고 결론을 내리다 (that절 = Conclude의 목적어)

[**Imagine you just bought a luxurious new car.**]

해석 Imagine you / just bought a luxurious new car.
= **당신을** 상상해 보세요 **(X)**

Imagine / you just bought a luxurious new car.
= 상상해 보세요. **that 이하를** **(O)** → that이 생략되었을 뿐
= Imagine (that) you just bought a luxurious new car.

동사 Imagine의 가능한 패턴 중 한 패턴
= Imagine (that) 주어 + 동사
= (주어 + 동사)라고 상상하다 (that절 = Imagine의 목적어)

전략 3 **언어는 경제성의 원칙을 따른다** **반복되는 것은 생략한다.**

(+ 결과적으로 경제성의 원칙을 이해하면 정확한 해석이 가능하다.)

[People usually like to talk **and hear about experiences.**]

문장 예시 People usually **like to talk** and **hear about experiences**.

= 사람들은 보통 **말하는 것을 좋아하고, 경험에 대해서 듣습니다.** (X)

= 사람들은 보통 **경험에 대해 말하는 것을 좋아하고 경험에 대해 듣는 것을 좋아합니다.** (O)

→ 위 두 번째 한국어 문장을 영어로 바꾸면?

= People usually like to talk about experiences and like to hear about experiences.

반복되는 부분은?

about experiences, like to

반복되는 부분을 생략하면?

People usually like to talk and hear about experiences.

= 사람들은 보통 경험에 대해 말하고 (경험에 대해) 듣는 것을 좋아합니다.

→ 처음 등장하는 like to는 유지, 두 번째 등장하는 like to는 생략

→ 처음 등장하는 about experiences는 생략,
두 번째 등장하는 about experiences는 유지

[But an experience **can**.]

→ 평서문에서 조동사의 어순은 [조동사 + 본동사]인데 위 문장은 본동사가 없음. 생략된 것일까?

문장 예시

Imagine you just bought a luxurious new car.

= 당신이 방금 고급스러운 새 차를 샀다고 상상해 보세요.

Is that going to change who you are?

= 그것(=고급스러운 새 차를 샀다는 것)이 당신이 누구인지에 대해 변화를 주겠습니까?

Not really.

= 아닐 겁니다.

But an experience can.

= 하지만 경험은 (그렇게) 할 수가 있습니다.

(= **But an experience can** change who you are)

(= 하지만 경험은 당신이 누구인지에 변화를 줄 수가 있습니다.)

외국어는 반복연습이다 : 다음 의미를 영어로 표현할 수 있나요?

1 둘째, 우리의 정체성은(=우리가 어떤 사람인지는) 우리가 하는 행위로 결정됩니다.
= *Second, we are what we do.*

2 여러분은 그 말(=그것)이 무엇을 의미한다고 생각하세요? = *What do you think it means?*

3 여러분이 방금 고급스러운 새 차를 샀다고 상상해 봅시다.
= *Imagine (that) you just bought a luxurious new car.*

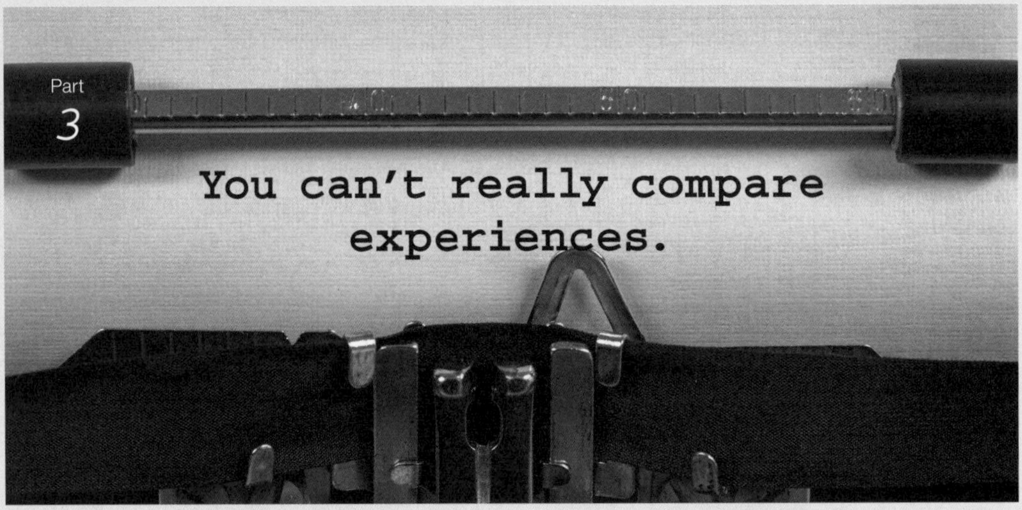

영어학습전략

1 언어의 표현법은 다양하다 : 다양하게 익혀 다채롭게 표현하자.

2 동사 학습법 : 동사가 취하는 다양한 패턴을 익히자. 정확한 문장 해석이 가능하다.

3 형용사 학습법 : 형용사가 취하는 문장 패턴을 확인하자. 동사뿐만 아니라 형용사도 문장 패턴을 결정한다.

4 논리적인 내용 전달법 : 내용 간의 관계를 보여주는 연결어를 적절히 활용하자.

T a l k

Finally, unlike things, you can't really compare experiences.	▸ 마지막으로, 물건들과는 달리 경험은 실제로 (정말로) 비교할 수가 없습니다.
Suppose you had an enjoyable vacation, and your friend also had a good one.	▸ 가령 여러분이 즐거운 휴가를 보냈고 여러분의 친구도 좋은 휴가를 보냈다고 생각해 봅시다.
You might try to compare these experiences.	▸ 여러분은 이 경험들을 비교하려고 할지도 모릅니다.
But in the end, you realize that your experiences are also memorable and unique to you.	▸ 하지만 결국 여러분의 경험들 또한 기억에 남고 독특하다는 것을 깨닫게 됩니다.
Indeed, experiences are hard to compare objectively.	▸ 실로 경험이란 것은 객관적으로 비교하기가 힘들기 때문입니다.
So, to conclude, what can we learn?	▸ 그러면 결론적으로 우리는 무엇을 배울 수 있나요?
Simply put, if you have money to spare, buy experiences, not things.	▸ 간단히 말하자면, 여러분에게 쓸 돈이 있다면 물건이 아닌 경험을 사세요.
Psychologists say experiences will make you happier.	▸ 심리학자들은 경험이 여러분을 더 행복하게 해 줄 거라고 말합니다.

전략 1 언어의 표현법은 다양하다 **다양하게 익혀 다채롭게 표현하자.**

[**Suppose** you had an enjoyable vacation.]

(6주차) Let's say ((that) 주어 + 동사) = ~ 한다고 가정해 봅시다, 상상해 봅시다

문장 예시

Suppose you had an enjoyable vacation.

= **Let's say** you had an enjoyable vacation.

[**Imagine** you just bought a luxurious new car.]

문장 예시

Suppose you had an enjoyable vacation.

= **Imagine** you had an enjoyable vacation.

Imagine you just bought a luxurious new car.

= **Let's say** you just bought a luxurious new car.

= **Suppose** you just bought a luxurious new car.

~ 한다고 가정해 봅시다, 상상해 봅시다

= Let's say / Suppose / Imagine ((that) 주어 + 동사)

추가 정리

청크에 익숙해지면 문장의 다른 요소들에도 신경을 쓸 것 (예 : 동사 시제, 관사)

예 Suppose you **had an** enjoyable vacation.

→ 청크를 포함한 전체 문장이 빠르면서도 정확하게 발화될 수 있을 때까지 소리 내어 반복적으로 발화 연습할 것

전략 2 **동사 학습법** **동사가 취하는 다양한 패턴을 익히자 : 정확한 문장 해석이 가능하다.**

[You **realize that your experiences are also memorable and unique to you**.]

해석 You realize that / your experiences are also memorable and unique to you. = 그것을 깨닫다 **(X)**

You realize / that your experiences are also memorable and unique to you. = that 이하를 깨닫다 **(O)**

동사 Realize의 가능한 패턴 중 한 패턴

= Realize (that) 주어 + 동사 = (주어 + 동사)임을 깨닫다 (that절 = Realize의 목적어)

[Psychologists **say experiences will make you happier**.]

해석 Psychologists say experiences / will make you happier.

= 경험을 말한다 **(X)**

Psychologists say / experiences will make you happier.

= 경험이 여러분을 더 행복하게 해 줄 거라고 말한다 **(O)**

→ that이 생략되었을 뿐

= Psychologists say (that) experiences will make you happier.

동사 Say의 가능한 패턴 중 한 패턴

= Say (that) 주어 + 동사 = (주어 + 동사)라고 말하다 (that절 = Say의 목적어)

'(that) 주어 + 동사'를 목적어로 취하는 패턴의 동사들

Conclude Imagine Suppose Realize Say
Hope(3주차) Think(4주차) Mean(6주차) Find(6주차)
+ (that) 주어 + 동사

전략 3 **형용사 학습법** **형용사가 취하는 문장 패턴을 확인하자 : 동사뿐만 아니라 형용사도 문장 패턴을 결정하기 때문이다.**

[Experiences are **hard** to compare objectively.]

형용사 Hard가 문장에서 사용될 때 가능한 패턴
= 주어 + is/are (be 동사) + hard + to 동사
= ~는 ~하기가 힘들다, 어렵다

문장 예시

Experiences are hard to compare objectively.
(주어) (to 동사)

= 경험은 객관적으로 비교하기가 힘듭니다.

연습

그 책은 읽기가 **쉬워**. (=술술 읽혀져.) = The book **is easy to read**.

넌 놀리기가 **쉬워**.^^ = You **are easy to tease**.

그녀는 말을 건네기가 **편해요**. = She**'s easy to talk to**.

그녀는 대화하기가 **편해요**. = She**'s easy to talk to**.

3주차 학습내용

칼림바 악기는 휴대하기가 **용이하다**. = The kalimba **is easy to carry around**.

형용사 Easy, Hard를 문장에서 사용할 때 가능한 패턴
= 주어 + is/are (be 동사) + easy/hard + to 동사
= ~는 ~하기 쉽다(편하다) / ~하기 어렵다(힘들다)

전략 4 **논리적인 내용 전달법** 내용 간의 관계를 보여주는 연결어를 적절히 활용하자.

Then why do experiences make people happier than possessions? Psychologists say it's also **due to** three reasons.

→ Then (그렇다면) = 앞의 내용과 연결하여 다음 내용을 소개할 때 사용

Due to (때문에) = 이유를 제시할 때 사용

First, we are social animals. **That is**, we find joy and comfort in relationships with others. ... **For example**, we typically go on vacation with family or friends ... **In contrast**, our possessions may give us pleasure ... **But** soon, the excitement fades, for the reasons I mentioned.

→ First (첫째) = 첫 번째 이유를 제시할 때 사용

That is (즉) = 앞의 내용에 대한 부연 설명을 할 때 사용

For example (예를 들어) = 예시를 제시할 때 사용

In contrast (반대로) = 앞의 내용과 대조되는 내용을 제시할 때 사용

But (하지만) = 앞의 내용과 다른 내용을 제시할 때 사용

For the reasons I mentioned (제가 언급했던 이유들로 인해) = 앞에서 열거한 이유를 반복하지 않고 간략히 표현할 때 사용

Second, psychology research concludes that "we are what we do, not what we have." ... **Imagine** you just bought a luxurious new car. ...

→ Second (둘째) = 두 번째 이유를 제시할 때 사용

Imagine (상상해 보십시오) = 예시를 제시할 때 사용

Finally, unlike things, you can't really compare experiences. **Suppose** you had an enjoyable vacation ... **But** in the end, you realize that your experiences are also memorable ...

→ Finally (마지막으로) = 마지막 이유를 제시할 때 사용

Suppose (가정해 보십시오) = 예시를 제시할 때 사용

But (하지만) = 앞의 내용과 다른 내용을 제시할 때 사용

So, **to conclude**, what can we learn? **Simply put**, if you have money to spare, buy experiences, not things.

→ **To conclude (결론적으로) = 결론을 제시할 때 사용**

Simply put (간단히 말하자면) = 내용을 이해하기 쉽게 (간단히) 제시할 때 사용

외국어는 반복연습이다 : 다음 의미를 영어로 표현할 수 있나요?

1 마지막으로, 경험은 비교할 수가 없습니다. = *Finally, you can't compare experiences.*

2 여러분이 즐거운 휴가를 보냈다고 가정해 봅시다. = *Suppose you had an enjoyable vacation.*

3 간단히 말해서, 여러분에게 쓸 돈이 있다면 경험을 사세요. = *Simply put, if you have money to spare, buy experiences.*

What Makes You Happier, Experiences or Things?

Have you ever heard of the following quote? “Fill your life with experiences, not things. Have stories to tell, not stuff to show.” What do you think this means? It means happiness comes from experiences, not from material things. In fact, psychologists say “Don’t spend money on things. Spend money on experiences.” Why do they say that? There are three reasons.

First, people can get very used to new possessions. Let's say you just bought a shiny new car. At first, you might be thrilled about it. But soon enough, you find your new car seems very familiar. It loses its novelty. In short, it gets old.

Second, people keep raising their standards. As we get accustomed to our new possessions, we look for even better ones. It’s just like the saying goes, “Greed has no limits."

Third, people often can’t help comparing their possessions with other people's possessions. If our friends or acquaintances have fancier items, we try to have better ones. And we feel less satisfied with what we have.

Then why do experiences make people happier than possessions? Psychologists say it's also due to three reasons.

First, we are social animals. That is, we find joy and comfort in relationships with others. And experiences often happen with other people. For example, we typically go on vacation or to concerts with family or friends. By sharing experiences with others, we feel more connected. And if the experiences are positive, we often want to remember them because they give us happiness. In contrast, our possessions may give us pleasure in the beginning. But soon, the excitement fades, for the reasons I mentioned.

Second, psychology research concludes that "we are what we do, not what we have." What do you think it means? People usually like to talk and hear about experiences. Why? This is because experiences add much more to our identity than material goods. Imagine you just bought a luxurious new car. Is that going to change who you are? Not really. But an experience can.

Finally, unlike things, you can't really compare experiences. Suppose you had an enjoyable vacation, and your friend also had a good one. You might try to compare these experiences. But in the end, you realize that your experiences are also memorable and unique to you. Indeed, experiences are hard to compare objectively.

So, to conclude, what can we learn? Simply put, if you have money to spare, buy experiences, not things. Psychologists say experiences will make you happier.

Email between Student and Professor

9

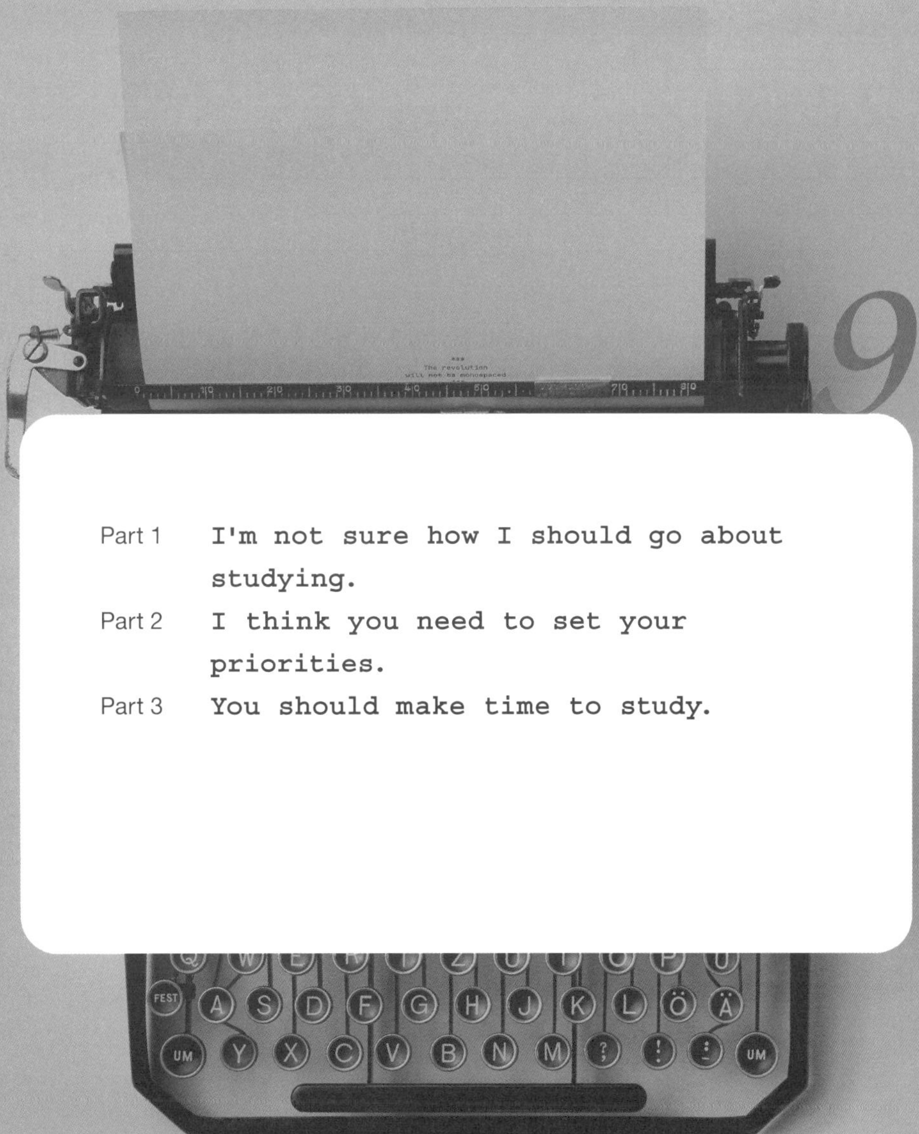

Part 1 I'm not sure how I should go about studying.

Part 2 I think you need to set your priorities.

Part 3 You should make time to study.

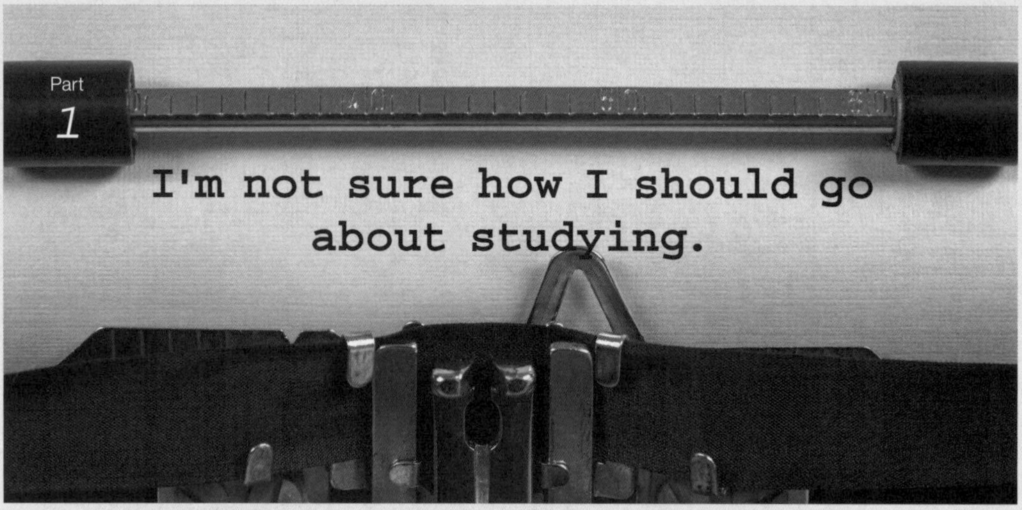

영어학습전략

1 정확성과 적절성을 구별하자 : 상대방에 따라 영문 편지의 표현 방식은 달라진다.

2 언어의 표현법은 다양하다 : 원어민이 사용하는 다양한 표현에 익숙해지자.

3 어휘의 의미는 다양하다 : 어휘가 사용된 환경을 파악하면 정확한 해석이 가능하다.

4 의사소통 시 빈번히 사용되는 표현은 반고정청크로 학습하자.

E-mail

Dear Professor Park,

▸ 박교수님께,

I'm writing to you because I'm not sure how I should go about studying during the rest of the semester.

▸ 교수님께 메일을 쓰는 이유는 남은 학기 동안 어떻게 공부를 하면 좋을지(=어떤 식으로 접근을 할지) 잘 몰라서입니다.

Just for your information, I'm a freshman in the English Department.

▸ 참고로 저는 영어학과 1학년입니다.

My midterm exam scores aren't great.*

▸ 제 중간고사 성적이 좋지 않습니다.

I think it's because I couldn't study much.

▸ 저는 그 이유가 공부를 많이 하지 못해서 그런 것 같습니다.

I have a job and family, so I feel overwhelmed with a lot of things, such as my work, house chores, and mandatory social gatherings.

▸ 저는 직장과 가족이 있어 직장, 집안일, 그리고 의무적인 사교 모임 등의 많은 일들이 감당이 되질 않습니다.

Early in the semester, I was very motivated, but once I missed some lectures, I started procrastinating.

▸ 학기초에는 의욕이 넘쳤지만 몇 개 강의를 놓친 후에는 미루기 시작했습니다.

Could you please give me some advice at your convenience?

▸ 교수님 편하신 시간에 조언을 좀 해 주실 수 있으실까요?

I look forward to your response.

▸ 답신 기다리겠습니다.

Thank you.

▸ 감사합니다.

Sincerely, Youngmin Lee

▸ 이영민 올림

---

* 만약 한 개의 중간고사만 뜻한다면, "My midterm exam score isn't great."이라는 표현이 적절함

전략 1 **정확성과 적절성을 구별하자** **상대방에 따라 영문 편지의 표현 방식은 달라진다.**

교수님께 메일을 보낼 때 → 격식적인 표현 **(O)**

(비교) 친구에게 메일을 보낼 때 → 비격식적인 표현 **(O)**

→ 상대방과 나의 관계를 반영하여 '적절한' 영어를 구사하자.

교수님께 격식적인 메일을 쓰는 방법

❶ 인사 → 교수님의 직위와 성을 사용

Dear Professor Park	Dear Dr. Park	→ 가장 격식적인 표현
Hello / Hi Professor Park	Hello / Hi Dr. Park	→ 덜 격식적인 표현
Hello / Hi Sujung(이름)		→ 가장 비격식적인 표현

❷ 자기 소개 + 메일을 쓰는 이유

(자기 소개)

I'm Youngmin Lee in the second class of your Introduction to English Language Learning Strategies course.

(메일을 쓰는 이유)

I'm writing to you because ...

또는

(메일을 쓰는 이유)

I'm writing to you because ...

(자기 소개)

Just for your information, I'm a freshman in the English Department.

메일을 쓰는 이유 표현법

표현 1 = I'm writing to you because (주어 + 동사)

예 I'm writing to you because (I'm not sure ...).

표현 2 = I'm writing to ask about (명사/명사로 끝나는 것)

예 I'm writing to ask about (the midterm exam).

표현 3 = I have a question about (명사/명사로 끝나는 것)

예 I have a question about (our first assignment).

❸ 메일을 쓰는 이유 관련 자세한 내용 소개

My midterm exam scores aren't great ...

❹ 정중한 요청 표현법 → ~ 좀 해 주시겠어요?

Could you please give me some advice **at your convenience**?

→ Could you please 동사?

❺ 정중하게 답변을 요청하는 표현법

표현 1 = I **look forward to** your response. → look forward to 명사/명사로 끝나는 것

표현 2 = I look forward to **hearing** from you. → look forward to 동사-ing

(비교) I look forward to **hear** from you. **(X)**

❻ 격식적인 마무리 인사

Sincerely, → Sincerely,

이름 + 성 Youngmin Lee (=이영민 올림)

친구에게 비격식적인 메일을 쓰는 방법

❶ 인사 → 친구의 이름을 사용

Hello / Hi / Hey + 이름 → Hello John, Hi John, Hey John

(일정 시간 연락을 하지 않았을 경우) 안부인사 표현법

어떻게 지내? 잘 지내고 있길 바라.

표현 1 = How are you doing? (I) hope you're doing well.

표현 2 = How's it going? (I) hope you're dong well.

어떻게 지내? 모든 일이 잘 되고 있길 바라.

표현 1 = How are you doing? (I) hope all is well (with you).

표현 2 = How's it going? (I) hope all is well (with you.)

❷ 메일을 쓰는 이유

(글쓴이가 서울에 있을 때)

다음 주에 서울에 온다고 들었어. 그래서 저녁이나 먹을까 하고.

= **(I) heard** you were/are coming to Seoul next week. So **I wanted to see if* we can** have dinner or something.

(메일을 받는 이가 서울에 있을 때)

나 다음 주에 서울 가는 거 알려 주려고. 그래서 우리 저녁이나 뭐 먹을까 해서.

= **(I) just wanted to tell you** I'm going/coming to Seoul next week. So **I wanted to see if we can** have dinner or something.

be동사 + 동사-ing = (예정이 되어 있는) 가까운 미래 → '현재 진행'의 의미가 아님

* 이 문장에서 접속사 if의 의미는 '~인지'를 의미함 (see if we can have dinner = 저녁을 먹을 수 있는지 알아보다)

❸ 가벼운 요청 표현법

(메일을 받는 이가 서울에 있을 때)

나 다음 주에 서울 가는데 **저녁이나 뭐 먹을까? (=먹을 수 있어?)**

= I'm going/coming to Seoul next week. **Can** we have dinner or something?

= I'm going/coming to Seoul next week. **Maybe we can** have dinner or something.

I'm going/coming to Seoul next week. **Let's** have dinner or something.

= 나 다음 주에 서울 가는데 **저녁이나 뭐 먹자.**

❹ 답장을 바랄 경우 표현법

표현 1 = **(I) hope to** hear from you soon. = 곧 답신을 받을 수 있으면 좋겠어.

표현 2 = **(I) can't wait to** hear from you! = 빨리 네 소식을 듣고 싶어!

→ can't wait to 동사 = ~하는 것을 기다릴 수 없다

표현 3 = **Looking forward to** hearing from you soon! = 곧 연락 기다릴게!

= **I'm looking forward to** hearing from you soon!

(비교) 교수님께 : **I look forward to** hearing from you soon.

→ 격식적인 느낌, 친구에게는 어색함

❺ 마무리 인사

이름 → Jenny (=제니가)

(또는) Love. → Love.

이름 Jenny (=(사랑하는) 제니가)

전략 2 **언어의 표현법은 다양하다** **원어민이 사용하는 다양한 표현에 익숙해지자.**

[I'm not sure how I should **go about studying**.]

문장 예시

어떤 식으로 공부를 해야 될지 모르겠어요.

= I'm not sure how I should (**study**).

vs. I'm not sure how I should (**go about studying**).

Go about 동사-ing = (어떤 문제, 상황에) 대처하기 시작하다, 접근하다

문장 예시

영어는 어떤 식으로 공부해야 될까? (=공부하는 **게 좋을까**?)

= How **should** I study English?

vs. How should I **go about studying** English?

너 방 어떻게 꾸밀 **거야**?

= How **will** you decorate your room?

vs. How will you **go about decorating** your room?

아이 다섯을 어떻게 키우**셨어요**?

= How did you raise your five children?

vs. How **did** you **go about raising** your five children?

Go about 명사/명사로 끝나는 것 = ~을 (어떤 식으로) 대처하기 시작하다, 접근하다

문장 예시

How can I **solve this problem**? = 이 문제를 어떻게 해결할 수 있을까?

vs. How **can I go about this problem**?*

---

* 또는 How can I **go about solving** this problem?도 가능함

문장 예시 영어 발표 어떻게 할 생각이세요?

= How will you **prepare your English presentation**?

= How **will** you **go about your English presentation**?*

전략 3 **어휘의 의미는 다양하다** **어휘가 사용된 환경을 파악하면 정확한 해석이 가능하다.**

[**Once** I missed some lectures, I started procrastinating.]

Once = **한 번 (부사)**

문장 예시 저는 **일주일에 한 번** 농구를 해요.

= I play basketball **once a week**. (O) one a week (X)

저는 **일주일에 두 번** 농구를 해요.

= I play basketball **twice a week**.

저는 **일주일에 세 번** 농구를 해요.

= I play basketball **three times a week**.

→ 네 번 = four times, 다섯 번 = five times

Once = **과거의 언젠가, 한때 (부사)**

문장 예시 I **once** had a dog. = **(과거 한때)** 나는 개를 키운 적이 있다.

We were **once** close friends. = **한때** 우리는 친한 친구였어.

* 또는 How will you **go about preparing** your English presentation?도 가능함

Once = 일단 ~하면, 일단 ~한 후에 (접속사)

→ Once 주어 + 동사, 주어 + 동사 = 일단 ~하면/일단 ~한 후에, ~하다

문장 예시

Once I missed some lectures, I started procrastinating.

= 몇 개의 강의를 **놓친 이상(=놓친 후에)**, 나는 (강의 듣는 것을) 미루기 시작했다.

일단 거기에 도착하면 전화해.

= **Once** you get there, call me.

= (4주차) **As soon as** you get there, call me.

일단 직장을 구하니, 형편이 나아졌다.

= **Once** I found a job, things got better.

vs. **As soon as** I found a job, things got better.

전략 4 의사소통 시 빈번히 사용되는 표현은 반고정청크로 학습하자.

[My midterm exam scores aren't great. **I think it's because** I couldn't study much.]

It's because (주어 + 동사) = 그건 ~ 때문이다 (이유를 제시할 때 사용)

→ I think it's because (주어 + 동사) = 내 생각엔, 그건 ~ 때문이다

문장 예시

그건 그가 널 좋아해서 그런 거야. = **It's because** he likes you.

그건 그 아이가 겁을 먹어서 그런 거야. = **It's because** the child got scared.

내 생각엔, 그가 널 좋아해서 그런 것 같은데.

= **I think it's because** he likes you.

내 생각엔, 그 아이가 겁을 먹어서 그런 것 같아.

= **I think it's because** the child got scared.

[**I'm not sure** how I should go about studying.]

I'm not sure = 잘 모르겠다 (무언가가 확실하지 않을 때 사용)

→ I'm not sure + (how, when, where, if, what) + (주어 +동사)

문장 예시

언제 시간이 날지 모르겠어.

= **I'm not sure when** I will have time.

(길을 잃은 상황) 내가 지금 어디에 있는지 모르겠어.

= **I'm not sure where** I am now.

내가 그를 알아볼 수 있을지 모르겠어.

= **I'm not sure if** I will recognize him.

→ If = ~인지 (아닌지) (O) 만약 ~하면 (X)

I'm not sure what you mean.

= (네가 하는 말이) 무슨 뜻인지 잘 모르겠어.

사전 활용 (사전으로 어휘의 다양한 의미 파악하기) : If

정리

If의 의미 = (1) 만약 (~면), (2) ~인지 (아닌지)

→ 아는 어휘의 해석이 어색할 때, 사전을 통해 어휘의 다른 의미를 확인해 보자.

외국어는 반복연습이다 : 다음 의미를 영어로 표현할 수 있나요?

1 영어를 어떤 식으로 공부하면 좋을지 잘 모르겠어요.

= *I'm not sure how I should go about studying English.*

2 학기 초에는 의욕이 넘쳤습니다. = *Early in the semester, I was very motivated.*

3 제 중간고사 성적이 좋지 않아요. 공부를 많이 하지 못해서 그런 것 같아요.

= *My midterm exam scores aren't great. I think it's because I couldn't study much.*

영어학습전략

1 의사소통 시 빈번히 사용되는 표현은 반고정청크로 학습하자.

2 조동사는 모아서 비교해 보자 : 공통점과 차이점이 쉽게 드러난다.

3 정확한 해석을 하려면 동사의 다양한 패턴을 알아야 한다.

E-mail

Dear Youngmin,

▸ 영민 학생에게,

I understand that a lot of students need to balance a number of responsibilities.

▸ 저는 많은 학생들이 여러 가지 책임 맡은 일들의 균형을 맞출 필요가 있음을 이해합니다.

Here is my advice for you:

▸ 제 조언은 다음과 같습니다.

I think you need to set your priorities.

▸ 저는 영민 학생이 우선 순위를 정해야 한다고 생각해요.

Some things are urgent.

▸ 어떤 일은 급한 일이고요.

Some things can wait.

▸ 어떤 일은 기다릴 수 있습니다.

And for some things, you should learn to say "No."

▸ 그리고 어떤 일은 "아니오"라고 말하는 법을 배우시는 게 좋겠습니나.

Remember you are not a superwoman.

▸ 영민 학생은 슈퍼우먼이 아님을 기억하세요.

You can't be perfect at everything.

▸ 모든 일을 완벽하게 할 수는 없습니다.

As long as you do your best in your given situation, I think things will be OK.

▸ 주어진 상황에서 최선을 다하는 한, 큰 문제는 없을 것이라고 생각합니다.

전략 1 **의사소통 시 빈번히 사용되는 표현은 반고정청크로 학습하자.**

[**Here is** my advice for you.]

Here is / Here's + (명사/명사로 끝나는 것) = 여기 ~가/~이 있다

(상대방에게 무언가를 보여줄 때 사용)

Here are + (명사/명사로 끝나는 것) = 여기 ~들이 있다

문장 예시

(공항에서) 여기 제 여권입니다. (=제 여권 보여 드릴게요.)

= **Here's** (my passport).

(비즈니스 상황) 샘플 몇 개 보여 드리겠습니다.

= **Here are** (some samples).

(영화 시상식에서 시상자가) 다음은 작품상 후보작들입니다. (=작품상 후보작 보시죠.)

= **Here are** (the nominees for Best Picture).

[**As long as** you do your best, things will be OK.]

As long as* (주어 + 동사), (주어 + 동사) = ~하는 한 (조건/전제), ~하다

문장 예시

As long as I live, I will remember that day.

= 내가 살아 있는 한, 그 날을 기억할 거예요.

As long as you are okay with it, I am, too.

= 네가 괜찮기만 하면, 나도 괜찮아.

→ 풀어 쓰면 = I am (okay with it), too.

---

* 2개 아이디어를 연결해주므로 한 개 이상의 어휘로 구성되어 있어도 접속사로 분류 가능함

전략 2 **조동사는 모아서 비교해 보자** **공통점과 차이점이 쉽게 드러난다.**

[should can can't]

조동사 Should = ~하는 것이 좋겠다 (권고, 충고) → 패턴 = Should + 본동사

문장 예시 For some things, you **should learn** to say "No."

연습 나 이번 주말에는 쉬는 게 좋겠어.

= I **should get some rest** this weekend.

조동사 Can = ~할 수 있다 (가능성) → 조동사 Can't (=Cannot) = ~할 수 없다 (불가능성)

문장 예시 Some things **can wait**. = 어떤 일들은 기다릴 수 있습니다.

You **can't be** perfect at everything. (=**cannot be**)

= 사람은 모든 일을 완벽하게 할 수는 없습니다

= We can't be perfect at everything. (You = We = People)

연습 항상 행복할 수는 없어.

= You **can't be** happy all the time. (You = We = People)

정리 조동사(Should, Can, Can't)의 공통점 = (어순) 조동사 + 본동사 (평서문의 경우)

차이점 = (의미) 권고/충고, 가능성, 불가능성

전략 3 **정확한 해석을 하려면 동사의 다양한 패턴을 알아야 한다.**

동사 Understand의 패턴

문장 예시

I understand that a lot of students need to balance a number of responsibilities.

= 나는 그것을 이해한다 (X) 나는 that 이하를 이해한다 (O)

동사 Remember의 패턴

문장 예시

Remember you are not a superwoman.

= 기억하세요, 당신을 (X) 기억하세요, that 이하를 (O) → that이 생략되었을 뿐

= **Remember that** you are not a superwoman.

동사 Think의 패턴

문장 예시

I think you need to set your priorities.

= 저는 당신을 생각합니다 (X) 저는 that 이하를 생각합니다 (O) → that이 생략되었을 뿐

= **I think that** you need to set your priorities.

As long as you do your best in your given situation,

I think things will be OK.

= **I think that** things will be OK.

동사 Understand, Remember, Think의 가능한 패턴 중 한 패턴

= Understand, Remember, Think + (that) 주어 + 동사

외국어는 반복연습이다 : 다음 의미를 영어로 표현할 수 있나요?

1 (여권을 보여 주면서) 여기 제 여권입니다. = *Here's my passport.*

2 어떤 일은 급하게 처리해야 하고요, 어떤 일은 기다릴 수 있습니다. = *Some things are urgent. Some things can wait.*

3 모든 일을 완벽하게 할 수는 없습니다. = *You can't be perfect at everything.*

영어학습전략

1 한국어와 영어의 차이를 이해하자 : 영어의 어순은 [피수식어 + 수식어]이다.

2 의사소통 시 빈번히 사용되는 표현은 반고정청크로 학습하자.

E-mail

You should also make time to study, not try to find time.

▸ 또한 영민 학생은 공부할 시간을 정해 두는 것이 좋습니다. 남는 시간을 찾아서 공부하려고 하지 말고요.

If you are a morning person, set time to study early in the morning.

▸ 영민 학생이 아침형 인간이면 아침 일찍 공부할 시간을 정해 두세요.

If you are a night owl*, set time to study at night.

▸ 영민 학생이 저녁형 인간이라면 밤에 공부할 시간을 정해 두세요.

Unless you set time for studying, there will never be the time for it.

▸ 공부할 시간을 정해 두지 않는 한, 공부할 시간은 절대로 없을 거예요.

Finally, break your tasks into smaller ones and finish each task, step by step.

▸ 마지막으로, 과업을 작은 과업들로 나누고, 각 과업을 단계별로 완수해 보세요.

This is an efficient way to complete tasks on time.

▸ 이는 일을 제 시간에 완수할 수 있는 효율적인 방법입니다.

Do not try to do things at the last minute.

▸ 막판에 여러 일들을 하려고 하지 마세요.

I hope these suggestions help.

▸ 이 제안들이 도움이 되었기를 바랍니다.

Just do your best and I'm sure everything will be fine.

▸ 그저 최선을 다하세요. 그러면 모든 게 다 잘 될 거라 확신합니다.

With best regards,

Sujung Park

▸ 박수정 드림

* a night owl은 an evening person, a night person으로도 표현 가능함

전략 1 **한국어와 영어의 차이를 이해하자** **영어의 어순은 [피수식어 + 수식어]이다.**

(한국어) 공부할 → 시간 (수식어 + 피수식어)

(영어) time ← to study (피수식어 + 수식어)

문장 예시

공부할 시간을 정해 두는 것이 좋습니다.

= You should make **time to study**.

당신이 아침형 인간이라면, 아침에 공부할 시간을 정해 두세요.

= If you are a morning person, set **time to study** in the morning.

당신이 저녁형 인간이라면, 밤에 공부할 시간을 정해 두세요.

= If you are a night owl, set **time to study** at night.

(한국어) 일을 완수하는 → 효율적인 방법 (수식어 + 피수식어)

(영어) 효율적인 방법 ← 일을 완수하는 (피수식어 + 수식어)

an efficient way to complete tasks

문장 예시

이것은 일을 제 시간에 완수할 수 있는 효율적인 방법입니다.

= This is **an efficient way to complete tasks** on time.

Time to study의 다른 표현 방식 = Time for studying → Time for + 동사-ing

문장 예시

공부할 시간을 정해 두지 않는 한, 공부할 시간은 절대로 없을 거예요.

= Unless you set **time for studying**, there will never be the time for it.

there is / are의 미래형 = there will be (~가 있을 것이다)

전략 2 **의사소통 시 빈번히 사용되는 표현은 반고정청크로 학습하자.**

[**I'm sure** everything will be fine.]

I'm sure (주어 + 동사) = 분명 ~일 것이다, ~가/~이 확실하다 (무언가에 대해 확신할 때 사용)

문장 예시

너 분명 그거 좋아할 거야. = **I'm sure** you**'ll** love it.

너 틀림없이 그녀를 좋아할 거야. = **I'm sure** you**'ll** like her.

너 분명 영어 잘 할 수 있을 거야. = **I'm sure** you **can** speak English well.

분명 전화기를 사무실에 놔 두고 왔을 거야.
= **I'm sure** I **left** my phone in the office.

(비즈니스 상황) 의견 합의를 볼 수 있으리라 확신합니다.
= **I'm sure** we **can** come to an agreement.

[Just **do** your best **and** I'm sure everything will be fine.
= 그저 최선을 다하세요. 그러면 다 잘 될 거라 확신합니다.]

'동사'로 시작 ... and 주어 + 동사 = ~하면 ~일 것이다 (원인-결과를 표현할 때 사용)
→ 이 때 and의 의미 = then (그러면)

문장 예시

Just **do** your best **and** I'm sure everything will be fine.
= **If** you just do your best, I'm sure everything will be fine.

연습

시험을 또 놓치면, F를 받을 거예요.
= **If** you miss another exam, you'll get an F.
= **Miss** another exam **and** you'll get an F.

외국어는 반복연습이다 : 다음 의미를 영어로 표현할 수 있나요?

1 저녁형 인간이라면 밤에 공부할 시간을 정해 두세요.

= *If you are a night owl, set time to study at night.*

= *If you are an evening person, set time to study at night.*

= *If you are a night person, set time to study at night.*

2 막판에 여러 일들을 하려고 하지 마세요. = *Do not try to do things at the last minute.*

3 다 잘 될 거라 확신합니다. = *I'm sure everything will be fine.*

Email between Student and Professor

교수에게 보내는 학생의 이메일

Dear Professor Park,

I'm writing to you because I'm not sure how I should go about studying during the rest of the semester. Just for your information, I'm a freshman in the English Department.

My midterm exam scores aren't great. I think it's because I couldn't study much. I have a job and family, so I feel overwhelmed with a lot of things, such as my work, house chores, and mandatory social gatherings. Early in the semester, I was very motivated, but once I missed some lectures, I started procrastinating.

Could you please give me some advice at your convenience? I look forward to your response.

Thank you.

Sincerely,
Youngmin Lee

학생에게 답신하는 교수의 이메일

Dear Youngmin,

I understand that a lot of students need to balance a number of responsibilities. Here is my advice for you:

I think you need to set your priorities. Some things are urgent. Some things can wait. And for some things, you should learn to say "No." Remember you are not a superwoman. You can't be perfect at everything. As long as you do your best in your given situation, I think things will be OK.

You should also make time to study, not try to find time. If you are a morning person, set time to study early in the morning. If you are a night owl, set time to study at night. Unless you set time for studying, there will never be the time for it.

Finally, break your tasks into smaller ones and finish each task, step by step. This is an efficient way to complete tasks on time. Do not try to do things at the last minute.

I hope these suggestions help. Just do your best and I'm sure everything will be fine.

With best regards,
Sujung Park

The Success Story of J.K. Rowling [1]

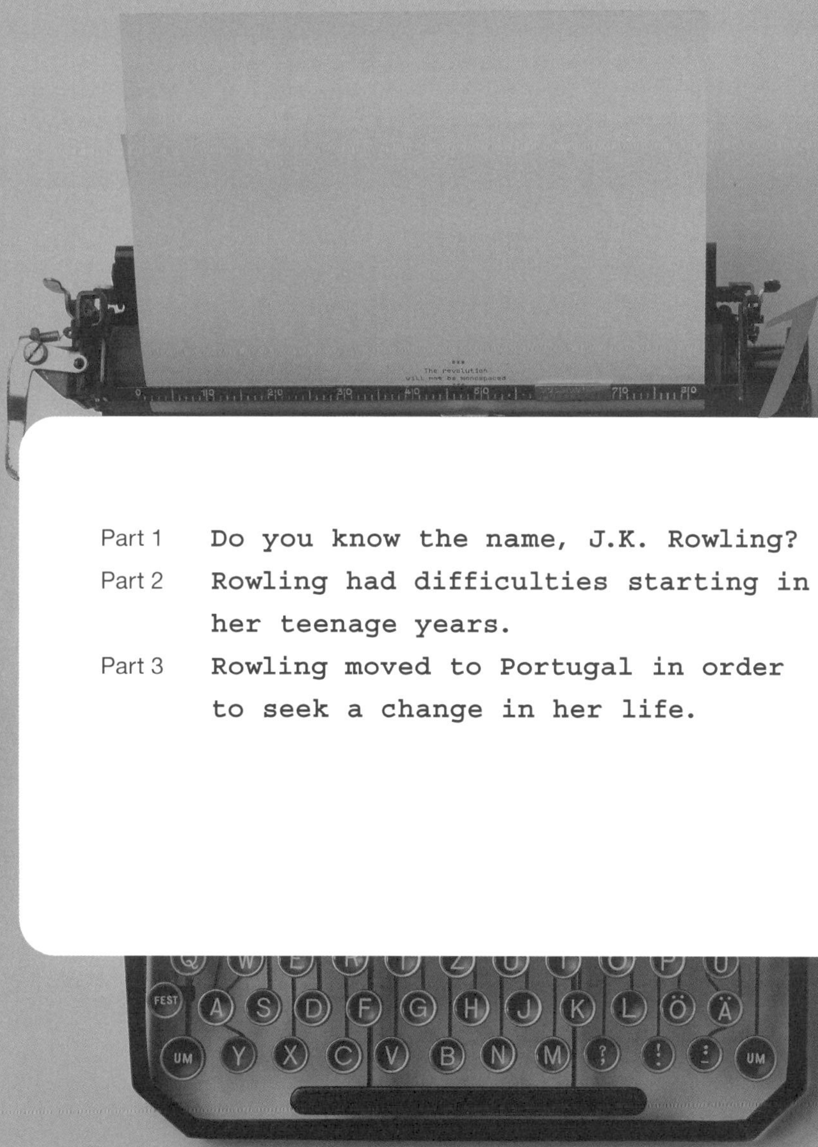

10

Part 1	Do you know the name, J.K. Rowling?
Part 2	Rowling had difficulties starting in her teenage years.
Part 3	Rowling moved to Portugal in order to seek a change in her life.

영어학습전략

1 한국어와 영어의 차이를 이해하자 :

❶ 'A'이라는 B' 표현의 영어 어순은 한국어 어순과 반대이다.

❷ 영어는 관사가 존재한다.

2 형용사 학습법 :

❶ 형용사를 공부할 때는 비교급에 더해 최상급도 확인해 두자.

❷ 형용사를 공부할 때는 함께 사용되는 전치사도 익혀 두자.

3 언어는 경제성의 원칙을 따른다 : 반복되는 의미는 생략하자.

4 대명사가 지칭하는 것은 문맥을 고려하여 파악하자.

Biography

Do you know the name, J.K. Rowling?

▸ 'J.K. 롤링'이라는 이름을 아십니까?

If not, you might be familiar with the novel, *Harry Potter*.

▸ 모르신다면 '해리포터'라는 소설은 아실 지도 모르겠습니다

J.K. Rowling is the author of the famous *Harry Potter* series.

▸ J.K. 롤링은 유명한 '해리포터' 시리즈의 작가입니다.

Although she denies it, a lot of people believe she is a billionaire.

▸ 비록 J.K. 롤링은 부인을 하지만 많은 사람들은 그녀가 억만장자라고 믿습니다.

She is a very talented writer and one of the most successful people in the world.

▸ J.K. 롤링은 매우 재능 있는 작가이면서 세계에서 가장 성공한 사람들 중 한 명입니다.

However, her life wasn't like this in the beginning.

▸ 하지만 J.K. 롤링의 삶은 초기에는 이렇지 않았습니다.

[Do you know **the name, J.K. Rowling**?]

문장 예시

J.K. Rowling이라는 이름을 아십니까?

= Do you know **J.K. Rowling, the name**? (X)

= Do you know **the name, J.K. Rowling**? (O)

Harry Potter라는 소설은 아실 지도 모르겠습니다.

= You might be familiar with **the novel, *Harry Potter***.

~(이)라는 ~

6주차 학습내용

'대박'이라는 한국어 슬랭 들어봤어요?

= Have you ever heard of **this Korean slang, "daebak"**?

= Have you ever heard of **the Korean slang, "daebak"**?

연습

'불고기'라는 한국 음식 먹어 봤어요?

= Have you ever eaten / had **the Korean dish, "bulgogi"**?

= Have you ever tried **the Korean dish, "bulgogi"**?

'Harry Potter'라는 소설 읽어본 적 있어요?

= Have you ever read* **the novel, "Harry Potter"**?

---

* 동사 read의 3단 변형 = read(현재) – read(과거) – read(과거분사)
형태는 동일하나 과거, 과거분사의 발음이 현재형의 발음과 다름에 주의할 것

'서민갈비'라는 식당에 가 본 적 있어요?

= Have you ever been to **the restaurant, "서민갈비"**?

→ ~에 가본 적이 있다 = have been to ~ (been = be동사의 과거분사)

한국어 어순과 반대인 추가적인 영어 표현들

(호텔 방 번호)	711호 = Room 711 **(O)**	711 Room **(X)**
(아파트 동, 호)	101동 = Building 101 **(O)**	101 Building **(X)**
	711호 = Unit 711 **(O)**	711 Unit **(X)**

문장 예시

(호텔 Front Desk에서 손님이 직원에게)

401호 체크아웃 합니다.

= We're checking out (of) **room 401**.

= Checking out (of) **room 401**, please.

(호텔 Front Desk에서 손님이 직원에게)

안녕하세요. **401호**에 묵고 있는데요, 내일 아침 5시에 **모닝콜** 해 주실 수 있으실까요?

= Hello, I'm staying in **room 401**. Could you give me **a wake-up call** (a morning call X) at 5 tomorrow morning, please?

[J.K. Rowling is **the author** of the famous *Harry Potter* series.]

정관사 the의 쓰임

the author = '해리포터' 책을 쓴 특정한 저자

→ the의 발음 = the **[ði]** + 첫 번째 소리가 모음으로 발음되는 단어 (예 : the **au**thor)

the **[ðə]** + 첫 번째 소리가 자음으로 발음되는 단어 (예 : the **n**ovel)

부정관사 a / an의 쓰임

저는 **작가**가 되고 싶어요. = I want to be **a writer**.

→ '작가'라는 카테고리에 속한 수많은 사람들 중 한 명

Do you know **the name**, J.K. Rowling?

→ J.K. Rowling이라는 특정한 이름

You might be familiar with **the novel**, *Harry Potter*.

→ '해리포터'라는 특정한 소설

She is **a very talented writer**.

→ 이 세상의 재능 있는 작가들 중 한 명

A lot of people believe she is **a billionaire**.

→ 이 세상의 여러 억만장자들 중 한 명

정리

관사의 사용 패턴 → a / an / the + 명사

관사의 (가능한) 의미들 중 한 의미 → a / an = 수많은 사람/것들 중 한 명/한 개

the = 특정한 사람/것

연습 그는 엔지니어입니다.

He is **engineer**. (X) He is **a engineer**. (X) He is **an engineer**. (O)

그건 좋은 차야.

It's **good car**. (X) It's **a good car**. (O)

서울은 대한민국의 수도이다. = Seoul is **the capital** of South Korea.

영화 '기생충' 감독이 누구지? = Who's **the director** of **the movie**, "Parasite"?

= Who directed **the movie**, "Parasite"?

전략 2 형용사 학습법 ❶ 형용사를 공부할 때는 비교급에 더해 최상급도 확인해 두자.

[She is one of **the most successful** people in the world.]

취상급의 의미 = 가장 ~한

최상급의 형태 = the most + 형용사 (또는) the + 형용사-est (=최상급을 만드는 접미사)

형용사의 비교급, 최상급 ❶ 규칙 변화

1음절 형용사 old – old**er** – **the** old**est**

young – young**er** – **the** young**est**

2음절 형용사 happy – happ**ier** – **the** happ**iest**

3음절 이상인 형용사 successful – **more** successful – **the most** successful*

* 2음절의 형용사에서도 more, the most가 자연스러운 형용사들이 있음

예 **urgent** – **more** urgent – **the most** urgent

형용사의 비교급, 최상급 ❷ 불규칙 변화

good – better – the best

bad – worse – the worst

최상급을 사용하는 상황 예시

세상에서 가장 부유한 사람은 누구지?

= Who's **the richest person** in the world?

네 친구들 중에 가장 재미있는/웃기는 친구는 누구야?

= Who's **the funniest person** among your friends?

네가 지금껏 본 영화 중에서 최고의 영화는 뭐야?

= What's **the best movie** you've ever seen? (= you have ever seen : 현재완료형)

네가 지금껏 본 영화 중에서 최악의 영화는 뭐야?

= What's **the worst movie** you've ever seen?

여기서 가장 가까운 지하철역은 어디인가요?

= Where's **the nearest subway station** from here?

몇 시가(=언제가) 가장 편하세요?

= When is **the most convenient time** for you?

She's one of **the most successful people** in the world.

= 그녀는 세상에서 가장 성공한 사람들 중 한 명이다.

그는 세계에서 가장 영향력 있는 사람들 중 한 명이다.

= He's one of **the most influential people** in the world.

형용사 학습법 ❷ 형용사를 공부할 때는 함께 사용되는 전치사도 익혀 두자.

[You might be **familiar with** the novel, *Harry Potter*.]

사전을 통한 형용사 학습법

Familiar의 의미 확인 = (1) 익숙한, 친숙한, (2) ~을 잘 아는

Familiar와 함께 사용되는 전치사 확인 = With

With와 함께 사용 가능한 형용사 예시

새 집 마음에 들어?

= Are you **happy with** your new place?

→ happy = 마음에 드는, 만족스러운

우리 사장님이 신제품을 만족스러워하셔.

= Our boss* is **pleased with** the new product.

→ pleased = 기쁜, 만족해 하는**

* 같은 회사에 다니는 2명 중 1명이 다른 회사에 다니는 지인에게 말을 하고 있는 상황임

** 추가예시: (9주차) I feel **overwhelmed with** a lot of things. = 많은 일들로 감당이 되질 않아요.
(6주차) We feel less **satisfied with** what we have. = 우리는 우리가 가진 것에 덜 만족스러워한다.

전략 3 **언어는 경제성의 원칙을 따른다 반복되는 의미는 생략하자.**

[Do you know the name, J.K. Rowling?
If not, you might be familiar with the novel, *Harry Potter*.]

뒤에 반복되는 의미의 생략

If not = **If** you do **not** know the name, J.K. Rowling

She is a very talented writer and one of the most successful people in the world.

→ 두 번째 언급되는 she is는 생략됨

= She is a very talented writer, and **she is** one of the most successful people in the world.

(한국어) J.K. Rowling은 매우 재능 있는 작가이면서 (______) 세계에서 가장 성공한 사람들 중 한 명 입니다. → 한국어에서도 동일하게 적용됨*

(If not 구문 연습) 준비 됐어? (준비) 안 됐으면 나 혼자 간다.

= Are you ready? **If not**, I'm going without you.

(= **If** you are **not** ready)

피자 마지막 조각 먹을 거야? 안 먹을 거면, 내가 먹는다.

= Do you want that last slice of pizza? **If not**, I'll have it.

(= **If** you do **not** want that last slice of pizza)

* 추가예시: (4주차) 나는 부엌으로 가서 (나는) 물 한잔을 마신다.
= I head to the kitchen and (I) drink a glass of water.

전략 4 대명사가 지칭하는 것은 문맥(=글의 앞 뒤 흐름)을 고려하여 파악하자.

[Although she denies **it**, a lot of people believe she is a billionaire.]

대명사 It이 지칭하는 것 → 문맥으로 파악하기

J.K. Rowling is the author of the famous *Harry Potter* series.

(X) → It = 앞에 언급되는 내용을 지칭하는 것이 아님

Although she denies **it**, a lot of people believe she is a billionaire.

(O) → It = 뒤에 언급되는 내용을 지칭함

대명사 This가 지칭하는 것 → 문맥으로 파악하기

She is a very talented writer and one of the most successful people in the world.

However, her life wasn't like **this** in the beginning. (this – 앞의 밑줄 처진 문장 전체)

정리 대명사란? 일반적으로 앞에 언급된 명사의 반복을 피하기 위해 사용함

하지만 문맥에 따라서는 명사가 아닌 (앞에 언급된) **문장 전체**를 받거나 또는 앞이 아닌 **뒤에 언급되는 내용**을 미리 받을 수도 있음

외국어는 반복연습이다 : 다음 의미를 영어로 표현할 수 있나요?

1 'J.K. 롤링'이라는 이름을 아십니까? = *Do you know the name, J.K. Rowling?*

2 '해리포터'라는 소설은 아실지도 모르겠습니다.

= *You might be familiar with the novel, Harry Potter.*

3 그녀는 세계에서 가장 영향력 있는 사람들 중 한 명입니다.

= *She is one of the most influential people in the world.*

Part 2

Rowling had difficulties starting in her teenage years.

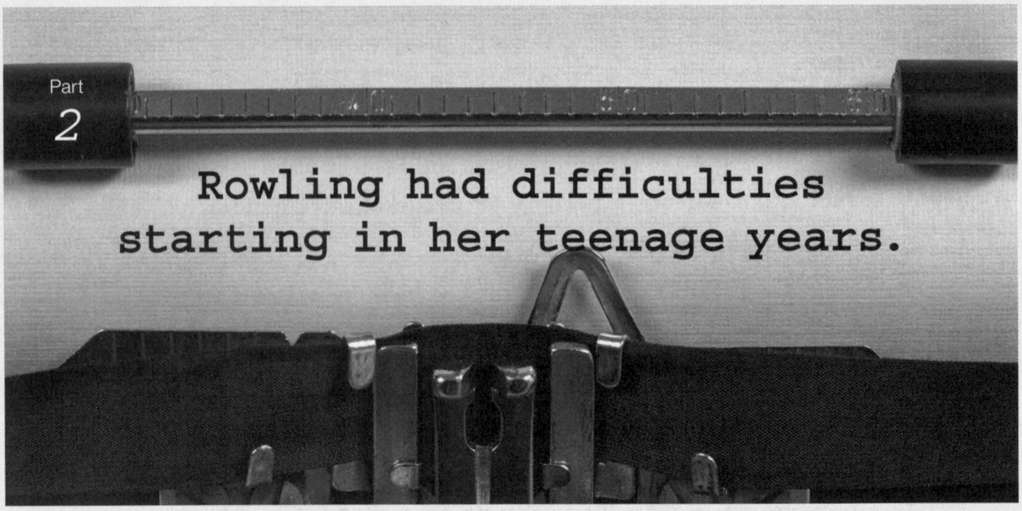

영어학습전략

1 한국어와 영어의 차이를 이해하자 : 영어는 관사가 존재한다.

2 정확한 해석을 하려면 동사의 다양한 패턴을 알아야 한다.

3 언어 학습은 분석적인 사고로도 가능하다 : 반복되는 구조에 주목하여 사용 방식을 습득하자.

Rowling had difficulties starting in her teenage years.

▸ 롤링은 10대 때부터 어려움을 겪었습니다.

Her mother suffered from a long-term disease.

▸ 롤링의 어머니는 오랜 기간 병을 앓았습니다.

At age 25, Rowling lost her mother, and this left her completely heartbroken.

▸ 25살 때 롤링은 어머니를 여의었고, 이것은 롤링의 마음을 완전히 무너지게 했습니다.

Her mother's passing happened six months after Rowling began writing *Harry Potter*,

▸ 롤링의 어머니의 죽음은 롤링이 '해리포터'를 쓰기 시작한 지 6개월 후에 발생했고,

and she did not even know that Rowling was writing it.

▸ 롤링의 어머니는 롤링이 '해리포터'를 쓰고 있었다는 것조차 알지 못했습니다.

The loss of her mother influenced the story of *Harry Potter*.

▸ 롤링의 어머니의 죽음은 '해리포터' 이야기에 영향을 미쳤습니다.

In the book, Harry also suffers from the passing of his parents.

▸ '해리포터' 책에서 '해리'도 부모님의 죽음으로 고통을 겪습니다.

전략 1 **한국어와 영어의 차이를 이해하자** **영어는 관사가 존재한다.**

(첫 번째 언급)

The loss of her mother influenced the story of ***Harry Potter***.

(두 번째 언급)

In **the book**, Harry also suffers from the passing of his parents.

정관사 the의 쓰임 = 앞에 언급된 명사를 다시 언급할 때 사용

문장 예시 **셔츠 하나**랑 **재킷 하나**를 샀어. **재킷**은 비쌌는데 **셔츠**는 안 비쌌어.

= I bought **a shirt** and **a jacket**. **The jacket** was expensive, but **the shirt** wasn't.

정리 관사의 또 다른 사용 패턴 = 부정관사 a / an + 명사 → 명사를 처음 언급할 때

정관사 the + 명사 → 이미 언급된 명사를 다시 언급할 때

전략 2 정확한 해석을 하려면 동사의 다양한 패턴을 알아야 한다.

[At age 25, Rowling lost her mother, and **this left her completely heartbroken**.]

동사 Leave의 기본 패턴

6주차 학습내용

나 **사무실 나가면서** John을 봤어.

= As I **was leaving the office**, I saw John.

9주차 학습내용

나 분명 **전화기를 사무실에 놔두고 왔을** 거야.

= I'm sure I **left my phone in the office**.

동사 Leave의 기본 패턴 정리

❶ Leave + 목적어 (명사/대명사) = ~를(에서) 떠나다, 나가다

❷ Leave + 목적어 (명사/대명사) + 장소 = ~을 ~에 두고 오다

동사 Leave의 또 다른 패턴

❸ Leave + 목적어 (명사/대명사) + 형용사

= ~을 어떤 상태로 계속 있게 하다, 어떤 상태가 되게 하다

문장 예시

This **left her** completely **heartbroken**.

(her = 목적어, heartbroken = 형용사)

(누가 방을 나설 때 요청) 문은 그대로 **열어 두세요**. (=**열린 상태로 계속 있게 하세요**.)

= **Leave the door open**, please.

그 화재로 5명이 목숨을 잃었다. (=그 화재가 5명의 사람을 **죽게 하였다**.)

= The fire **left five people dead**.

전략 3 **언어 학습은 분석적인 사고로도 가능하다** **반복되는 구조에 주목하여 사용 방식을 습득하자.**

[학습자들이 익숙한 학습방식 = 규칙을 제공 받음 → 규칙에 부합하는 예시문을 확인함

또 다른 효과적인 학습방식 = 여러 예시문을 살펴 봄 → 모든 예시문에 부합되는 규칙을 발견함]

→ 전치사 Of가 사용된 예시문장들을 모아 공통점을 파악해 보자.

문장 예시

The loss of her mother influenced **the story of *Harry Potter*.**

= 그녀의 어머니**의** 죽음 = (소설) '해리포터'**의** 이야기

In the book, Harry also suffers from **the passing of his parents**.

= 그의 부모님**의** 죽음

J.K. Rowling is **the author of the famous *Harry Potter* series**.

= 유명한 '해리포터' 시리즈**의** 작가

정리

전치사 Of의 사용 패턴 = A의 B → (B) of (A)

어순 = 한국어 어순과 반대 → [피수식어 + 수식어]

외국어는 반복연습이다 : 다음 의미를 영어로 표현할 수 있나요?

1 그녀(롤링)의 어머니는 오랜 기간 병을 앓았습니다.
= *Her mother suffered from a long-term disease.*

2 25살 때 롤링은 어머니를 여의었습니다. = *At age 25, Rowling lost her mother.*

3 이것은 그녀(롤링)의 마음을 완전히 무너지게 했습니다. = *This left her completely heartbroken.*

영어학습전략

1 한국어를 영어로 표현할 때 1:1(단어 대 단어) 번역을 피하자.

2 능동태를 사용할지 수동태를 사용할지는 화자의 의도 또는 상황(맥락)에 따라 결정된다.

3 언어 학습은 분석적인 사고로도 가능하다 : 기존에 알고 있던 지식과 다른 구조에 주목하여 사용 방식을 습득하자.

4 언어의 표현법은 다양하다 : 원어민이 사용하는 다양한 표현에 익숙해지자.

After her mother's death, Rowling moved to Portugal in order to seek a change in her life and taught English.

▸ 어머니가 돌아가신 후, 롤링은 삶의 변화를 모색하기 위해 포르투갈로 건너가서 영어를 가르쳤습니다.

There, she met her future husband, a Portuguese TV journalist, and they tied the knot.

▸ 그곳에서 롤링은 포르투갈의 TV 저널리스트인 미래의 남편을 만났고 그들은 결혼을 했습니다.

She was 27.

▸ (이 때) 롤링은 27살이었습니다.

However, her married life was an unhappy one.

▸ 그러나 롤링의 결혼생활은 불행했습니다.

After only 13 months of marriage, she divorced her husband even though their daughter was just born.

▸ 결혼 13개월 만에 딸이 막 태어났음에도 롤링은 남편과 이혼을 했습니나.

전략 1 **한국어를 영어로 표현할 때 1:1(단어 대 단어) 번역을 피하자.**

롤링은 남편**과 이혼했다.**

She **divorced with** her husband. **(X)**

She **divorced her husband**. **(O)**

→ divorce = 타동사 (+ 목적어) = ~와 이혼하다

부모님은 몇 년 전에 **이혼하셨어.**

= My parents **divorced** a couple of years ago.

→ divorce = 자동사 (당사자 모두 주어로 사용된 경우)

나**와 결혼해** 줄래?

Will you **marry with** me? **(X)**

Will you **marry me**? **(O)**

→ marry = 타동사 (+ 목적어) = ~와 결혼하다

John and Jenny don't have plans to **marry**.

= John과 Jenny는 결혼할 계획이 없다.

→ marry = 자동사 (당사자 모두 주어로 사용된 경우)

한국인 학습자들이 전치사를 넣어서 잘못 사용하는 동사들 예시

(비즈니스 상황)

이번 회의에서는 3개 이슈**에 대해 논의하**고자 합니다.

= In this meeting, I'd like to **discuss** three issues. **(O)**

discuss about three issues. **(X)**

지난 번 회의에서 그 아이디어**에 대해 말씀을 하**셨는데요.

= You **mentioned** that idea during the last meeting. **(O)**

mentioned about that idea. **(X)**

전략 2 능동태 VS 수동태 화자의 의도 또는 상황(맥락)에 따라 결정된다.

[Their daughter **was** just **born**.]

수동태의 의미 = ~가 되다 (수동의 의미) 능동태의 의미 = ~을 하다 (능동의 의미)

수동태의 형태 = be동사 + 일반동사의 과거분사 예 was born (born = bear의 과거분사)

Be Born = 태어나다

연습 저는 1976년에 태어났어요.

= I **was born** in 1976.

→ I **am born** in 1976. (X)

우리 아이들은 미국에서 태어났어요.

= My children **were born** in the US.

다른 동사를 사용한 수동태 연습

연습 이 주택은 2015년에 지어졌어요.

= This house **was built** in 2015. (build – built – **built**)

지갑을 도난 당했어요.

= My wallet **was stolen**. (steal – stole – **stolen**)

이 방은 매일 청소가 돼요.

= This room **is cleaned** every day. (clean – cleaned – **cleaned**)

수동태를 능동태로 바꾸면?

연습 이 주택은 2015년에 지어졌어요. → 누군가가 이 주택을 2015년에 지었어요.

= **This house was built** in 2015.

= **Somebody built this house** in 2015.

지갑을 도난 당했어요. → 누군가가 내 지갑을 훔쳐 갔어요.

= **My wallet was stolen**.

= **Somebody stole my wallet**.

이 방은 매일 청소가 돼요. → 누군가가 이 방을 매일 청소해요.

= **This room is cleaned** every day.

= **Somebody cleans this room** every day.*

아래 수동태, 능동태 문장들은 문법적으로 모두 정확한 문장들이다. 하지만 '정확성'과 '적절성'은 별개의 영역이라는 것을 학습전략으로 배웠었다. 그럼 아래 문장들 중에서 어느 형태가 더 적절할까?

이 주택은 2015년에 지어졌어요. = **This house was built** in 2015.

(비교) 누군가가 이 주택을 2015년에 지었어요. = **Somebody built this house** in 2015.

→ 수동태 문장이 더 적절함

이유 : 행위자가 누구인지 모르거나 (또는 중요하지 않다면) 문장에 명시할 이유 없음

\+ 행위자를 드러나지 않게 할 수 있는 문장 구조가 바로 수동태임

지갑을 도난 당했어요. = **My wallet was stolen**.

(비교) 누군가가 내 지갑을 훔쳐 갔어요. = **Somebody stole my wallet**.

→ 수동태 문장이 더 적절함 (이유 : 위 이유와 동일함)

* 추가로, 능동태의 목적어(예 : this house, my wallet, this room)가 수동태에서는 주어로 위치됨에 주목할 것

이 방은 매일 청소가 돼요. = **This room is cleaned** every day.

(비교) 누군가가 이 방을 매일 청소해요. = **Somebody cleans this room** every day.

→ 수동태 문장이 더 적절함 (이유 : 위 이유와 동일함)

전략 3 **언어 학습은 분석적인 사고로도 가능하다** **기존에 알고 있던 지식과 다른 구조에 주목하여 사용 방식을 습득하자.**

She divorced her husband **even though** their daughter was just born.

Even though = 비록 ~일지라도 (접속사)

사용 패턴 = 주어 + 동사 **even though** 주어 + 동사

→ 이제껏 알고 있었던 접속사의 패턴과 다름에 주목할 것

기존에 노출되었던 접속사의 사용 패턴

Although she denies it, a lot of people believe she's a billionaire.

→ **접속사** (주어 + 동사), (주어 + 동사)

현 주차에 제시된 접속사의 다른 가능한 사용 패턴

She divorced her husband **even though** their daughter was just born.

→ (주어 + 동사) **접속사** (주어 + 동사)

+ 접속사가 중간에 위치할 때는 **접속사 앞에 콤마가 없음**에 주목할 것

접속사의 2개 사용 패턴 연습

9주차 학습내용

If you are a night owl, set time to study at night.

(문장 중간에 콤마 있음에 주목)

= Set time to study at night **if** you are a night owl.*

(접속사 앞에 콤마 없음에 주목)

전략 4 언어의 표현법은 다양하다 원어민이 사용하는 다양한 표현에 익숙해지자.

[They **tied the knot**.]

문장 예시

우리는 지난 주에 결혼했어요.

= We **tied the knot** last week.

= We **got married** last week.

내년에 남자친구**와** 결혼할 계획이에요.

= I'm going to **get married to** my boyfriend next year. **(O)**

(비교) **get married with (X)**

= I'm going to **tie the knot with** my boyfriend next year. **(O)**

(비교) **tie the knot to (X)**

→ 동일한 의미를 나타내더라도 어떤 어휘/표현을 쓰냐에 따라 함께 사용되는 전치사가 달라짐

* 추가예시: (9주차) **Once** I missed some lectures, I started procrastinating. (콤마 있음)
= I started procrastinating **once** I missed some lectures. (콤마 없음)
As long as you do your best, things will be OK. (콤마 있음)
= Things will be OK **as long as** you do your best. (콤마 없음)

외국어는 반복연습이다 : 다음 의미를 영어로 표현할 수 있나요?

1 어머니가 돌아가신 후 롤링은 포르투칼로 건너갔습니다.

= *After her mother's death, Rowling moved to Portugal.*

2 그곳에서 미래의 남편을 만나 결혼을 하였습니다.

= *There, she met her future husband and tied the knot.*

3 롤링은 남편과 이혼을 하였습니다. = *Rowling divorced her husband.*

The Success Story of J. K. Rowling [2]

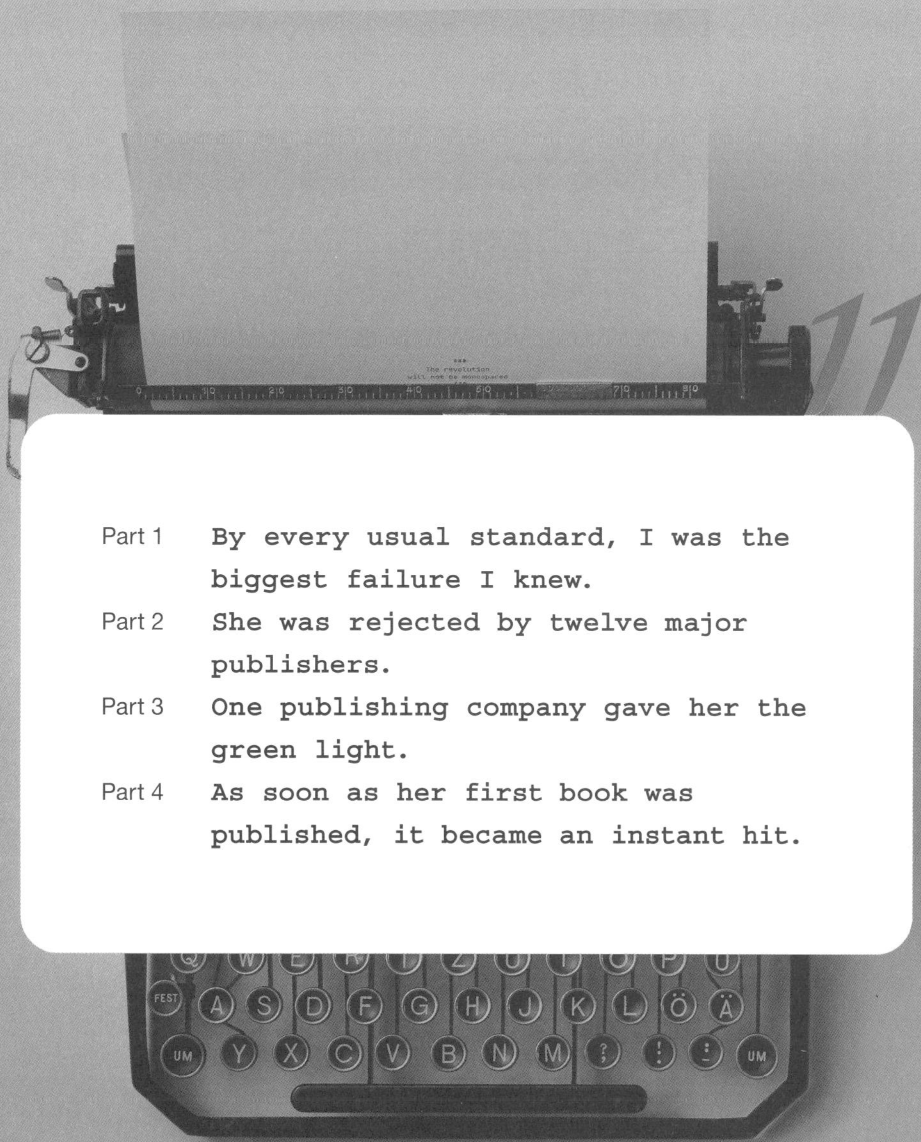

Part 1	By every usual standard, I was the biggest failure I knew.
Part 2	She was rejected by twelve major publishers.
Part 3	One publishing company gave her the green light.
Part 4	As soon as her first book was published, it became an instant hit.

영어학습전략

1 새로운 어휘(표현)의 학습은 다양한 문장의 발화 연습으로 마무리하자.

2 한국어와 영어의 차이를 이해하자 :

❶ 영어의 어순은 [피수식어 + 수식어]이다.

❷ 영어의 기본 어순을 알면 긴 영어 문장도 쉽게 만들 수 있다.

With her infant daughter, Rowling returned to the UK to be near her sister.

▸ 어린 딸과 함께 롤링은 여동생과 가까이 있기 위해 영국으로 돌아왔습니다.

But the situation did not improve.

▸ 그러나 상황은 나아지지 않았습니다.

Rowling was a single mother of a newborn baby and had no regular job.

▸ 롤링은 갓 태어난 아기의 편모였고 정규 직장이 없었습니다.

She lived on welfare.

▸ 롤링은 정부의 복지 지원금으로 생활했습니다.

She suffered severe depression at the time and even considered suicide.

▸ 롤링은 당시 심한 우울증을 앓았고 심지어 자살까지 고려했었습니다.

In a Harvard University commencement speech, she described herself saying:

▸ 하버드 대학 졸업식 연설에서 롤링은 다음과 같이 자신을 묘사했습니다.

"By every usual standard, I was the biggest failure I knew."

▸ "모든 일반적인 기준에서 볼 때, 저는 제가 아는 가장 큰 실패자였습니다."

전략 1 **새로운 어휘(표현)의 학습은 다양한 문장의 발화 연습으로 마무리하자.**

[She **lived on** welfare.]

Live on something = (어떤 금액)으로 생활하다, 살다

(예시 표현 1) **Live on a budget** = 예산으로 생활하다

(문장으로 발화 연습) 매달 나는 고정된 예산으로 생활한다.

= Every month I **live on my fixed budget**.*

(비교) fixed budget **(X)**

(예시 표현 2) **Live on a low salary** = 적은 월급으로 생활하다

(문장으로 발화 연습) 아내와 내가 결혼했을 때, 우리는 나의 적은 월급으로 살았다.

= When my wife and I got married, we **lived on my low salary**.

월 50만원으로 **사는** 법 = How to **live on** 500,000 won per month / a month

월 50만원으로 **생존하는** 법 = How to **survive on** 500,000 won per month / a month

전략 2 **한국어와 영어의 차이를 이해하자** ❶ **영어의 어순은 [피수식어 + 수식어]이다.**

[By every usual standard, I was **the biggest failure I knew.**]

제가 알았던 가장 큰 실패자 (수식어 + 피수식어)

= the biggest failure **I knew** (피수식어 + 수식어)

* 만약 my에 특별한 강조를 두고 싶지 않다면 a fixed budget도 적절함

문장 예시 I was the biggest failure **I knew**.

= I was the biggest failure **that I knew**. → that 생략 가능

4주차 학습내용 If **a song that I know** plays, I sing along.

= **내가 아는 노래**가 나오면 따라 부른다.

내가 아는 노래 = a song **that** I know

→ that = '그것'으로 해석 (X)

= a song과 I know(주어 + 동사)를 연결하는 역할임

내가 아는 가장 큰 실패자

= the biggest failure **that I knew**

= the biggest failure **I knew** → that 생략 가능

내가 아는 노래

= a song **that I know**

= a song **I know** → that 생략 가능

연습 그녀는 **내가 아는** 가장 성공한 사람**이다**.

= She **is** the most successful person **I know**.

그녀는 **내가 아는*** 가장 성공한 사람**이었다**.

= She **was** the most successful person **I knew**.

그는 **내가 존경하는** 가장 유능한 외과의사 **중 한 명이다**.

= He **is** one of the most skillful surgeons **I admire**.

* 이 때의 '내가 아는'의 의미는 '과거에 내가 알았던 사람들 중에'를 의미함 → 동사 know의 과거형(knew)을 사용

[Rowling returned to the UK to be near her sister.]

(한국어)	롤링은 (주어)	여동생과 가까이 있기 위해 (목적)	영국으로 (방향)	돌아왔다. (동사)
	문두	문중		문미

(영어)	Rowling returned	to the UK	to be near her sister.
	(주어 + 동사)	(방향)	(목적)

→ 영어 문장의 어순 = [주어 + 동사]로 시작, 이외 의미적 추가 요소는 문미에 위치함

10주차 학습내용	Rowling moved	to Portugal	in order to seek a change in her life.
	(주어 + 동사)	(방향)	(목적)

→ 영어 문장의 어순 = [주어 + 동사]로 시작, 이외 의미적 추가 요소는 문미에 위치함

[She suffered severe depression **at the time**.]

(한국어)	롤링은 (주어)	**당시** (시간)	심한 우울증을 앓았다.
		문중	

(영어)	She suffered severe depression	**at the time**.
	(주어 + 동사 + 목적어)	(시간)
		문미

→ 영어 문장의 어순 = [주어 + 동사 + 목적어]로 시작, 이외 의미적 추가 요소는 문미에 위치함

하지만 문미에 위치하는 의미적인 추가 요소들은 문두에도 위치 가능하다.

10주차 학습내용

At age 25, (시간/나이) 문두	Rowling (주어	lost + 동사	her mother. + 목적어)
After her mother's death, (시간) 문두	Rowling (주어	moved + 동사)	to Portugal. (방향)
There, (장소) 문두	she (주어	met + 동사	her future husband. + 목적어)

→ 영어 문장의 어순 = [주어 + 동사] 또는 [주어 + 동사 + 목적어] 외의 추가적인 의미 요소는 문두 또는 문미에 모두 위치 가능함*

* 추가예시: (10주차) In the book, Harry also suffers from the passing of his parents.

외국어는 반복연습이다 : 다음 의미를 영어로 표현할 수 있나요?

1 롤링은 영국으로 돌아왔습니다. = *Rowling returned to the UK.*

2 그녀는 정부의 복지 지원금으로 생활했습니다. = *She lived on welfare.*

3 저는 제가 아는 가장 큰 실패자였습니다.
(=저는 과거에 제가 알았던 사람들 중에 가장 크게 실패한 사람이었습니다.)
= *I was the biggest failure I knew.*

영어학습전략

1 영어 문장 해석 방법 :
❶ [주어 + 동사 (+ 목적어)]를 먼저 파악하라.
❷ 동사의 패턴을 활용하라.

2 영어는 반복을 싫어한다 : 관계대명사를 활용하여 간결한 문장을 만들자.

3 능동태를 사용할 지 수동태를 사용할지는 화자의 의도 또는 상황(맥락)에 따라 결정된다 : 화자의 의도(또는 의미의 중요성)에 따라 수동태에서도 행위자가 명시될 수 있다.

Biography

Despite these hardships, she did not give up on her *Harry Potter* book.

▸ 이러한 어려움에도 불구하고 롤링은 '해리포터' 책을 포기하지 않았습니다.

Writing was her passion.

▸ 글쓰기는 롤링의 열정이었습니다.

She often spent her time writing in cafes while her daughter was sleeping next to her.

▸ 롤링은 딸이 옆에서 자고 있는 동안 종종 카페에서 글을 쓰며 시간을 보냈습니다.

Finally, at the age of 30, she finished the book, which took her five years to complete.

▸ 마침내 서른 살에 롤링은 해리 포터 책을 완성했는데 이 책을 완성하는 데까지 5년이 걸렸습니다.

But her journey did not end there.

▸ 그러나 롤링의 여정은 거기서 끝나지 않았습니다.

The next challenge was to get the book published.

▸ 그 다음 도전은 책을 출판하는 것이었습니다.

Before she was accepted, she was rejected by twelve major publishers.

▸ 책이 출판되기 전에 롤링은 12개의 주요 출판사로부터 거절당했습니다.

They gave her comments like, "The book is too difficult for children" or "It's too long."

▸ 출판사들은 그녀에게 "그 책은 아이들에게 너무 어렵다" 또는 "(책이) 너무 길다"와 같은 의견을 주었습니다.

전략 1 영어 문장 해석 방법 ❶ [주어 + 동사 (+ 목적어)]를 먼저 파악하라.

[She often spent her time writing in cafes while her daughter was sleeping next to her.]

She often spent her time writing in cafes while her daughter was sleeping
(주어) (동사) (목적어) (주어) (동사)

next to her.

의미 유추 (옆에서) — next to

의미, 품사 유추 (접속사 : ~하는 동안) — while

→ 해석 방법 = 문장 구성의 핵심 요소인 [주어 + 동사] 또는 [주어 + 동사 + 목적어] 파악하기

+ 그 외 요소의 의미는 유추로 또는 사전을 통해 파악하기

영어 문장 해석 방법 ❷ 동사의 패턴을 활용하라.

[They gave **her comments** like, "The book is too difficult for children" or "It's too long."]

They gave **her comments** like, "The book is too difficult for children" or

= 그녀의 의견 **(X)** → 1개의 목적어

"It's too long."

그들은 **그녀의 의견**을 주었다. 예를 들어 "그 책은 아이들에게 너무 어렵다"거나 "너무 길다"고.

→ 잘못된 해석임

동사 Give의 패턴 = Give + 목적어1 (~에게) + 목적어2 (~을/를)

= ~에게 ~을/를 주다 → Give는 목적어를 2개 취할 수 있는 동사

They gave **her comments** like, "The book is too difficult for children" or "It's

= 그녀에게 + 의견을 (O) → 2개의 목적어 (그녀에게 : 간접목적어 + 의견을 : 직접목적어)*

too long."

[The next challenge was **to get the book published**.]

동사 Get의 사용 패턴

❶ Get + 목적어 (명사/대명사) + 형용사 = 누구를/무엇을 ~하게/되게 하다 (5주차)

❷ Get + 목적어 (명사/대명사) + **동사의 과거분사** = 무엇을 ~되게 하다

→ publish의 3단 변화

= publish–published (과거)–published (과거분사)

get the book published = 그 책을 출판되게 **하다** (=그 책을 출판하다)

(비교) The next challenge was **to get** the book published. → to 동사 = ~하는 것

= 그 책을 출판**하는 것**

= The next challenge was **getting** the book published.

→ 동사–ing = ~하는 것 (4주차)

* Her는 '그녀의' '그녀에게' '그녀를'로 문장 환경에 따라 다양하게 해석될 수 있기 때문에 해석 시 주의가 필요함

전략 2 **영어는 반복을 싫어한다** **관계대명사를 활용하여 간결하고 세련된 문장을 만들자.**

[At the age of 30, she finished **the book, which took her five years to complete.**]

문장 예시

At the age of 30, she finished **the book**. (서른 살에 롤링은 그 책을 완성했다.)

+ **The book** took her five years to complete. (그 책은 완성하는데 5년이 걸렸다.)

→ At the age of 30, she finished the book, **which** took her five years to complete.

→ which = 앞의 the book을 지칭하는 관계대명사*

, which took ... = 콤마와 사용되어 앞의 the book에 대한 추가적인 정보를 제시함

10주차 학습내용

At age 25, **Rowling lost her mother**. + **This** left her completely heartbroken.

→ At age 25, Rowling lost her mother, **which** left her completely heartbroken.

→ which = 앞의 Rowling lost her mother를 지칭하는 관계대명사

즉, [주어 + 동사]가 포함된 절** 전체를 가리킴

, which left ... = 콤마와 사용되어 앞의 절 전체에 대한 추가적인 정보를 제시함

연습

토플 시험을 쳤는데, 4시간 걸렸어.

= I took the TOEFL, which took four hours.

나 오늘 운전면허시험 통과했는데, 다들 놀래더라.

= I passed my driving test, which surprised everyone.

---

* 만약 앞에 the book(사물)이 아닌 '사람'이 오게 되면 which는 사용할 수 없음

** '절(clause)'이란 문법 용어로서 '주어, 동사'가 포함되어 있으면 '절'로 표현 가능함

전략 3 **능동태 VS 수동태** **화자의 의도 또는 상황(맥락)에 따라 결정된다 : 화자의 의도(또는 의미의 중요성)에 따라, 수동태에서도 행위자가 명시될 수 있다.**

[Before she **was accepted**, she **was rejected** by twelve major publishers.]

(10주차) **수동태의 형태**

be동사 + 일반동사의 **과거분사** = ~가 되다

accept의 3단 변화 = accept – accepted (과거) – **accepted (과거분사)**

reject의 3단 변화 = reject – rejected (과거) – **rejected (과거분사)**

문장 예시 She **was accepted**. = 롤링은/롤링의 책은 (출판사에 의해) 받아들여졌다.

→ 행위자를 명시할 필요가 없음 (이유 : 책을 출판하는 곳이 출판사임은 누구나 아는 사실임)

(비교) She **was rejected** by twelve major publishers.

= 롤링의 책은 12개의 주요 출판사들로부터 거절되었다. → 행위자가 명시되었음. 이유는?

10주차 학습내용 수동태를 사용하는 이유 :

행위자가 (1) 중요하지 않거나

(2) 누구인지 모르거나

(3) 누구인지 아는데 회피하고 싶거나

(4) 누구인지 쉽게 알 수 있을 때

→ 위와 같은 경우에 행위자를 명시하지 않을 수 있는 수동태를 사용함

문장 예시 She **was rejected** by twelve major publishers.

→ 하지만 수동태에서도 화자가 원하면 행위자를 명시할 수 있다!

수동태에서 행위자를 명시하는 방법 = 수동태 + **by 행위자** (by = ~에 의해)

행위자를 명시한 화자의 의도 = 수많은 출판사가 해리포터 책 출판을 거절했었다는 것을 독자에게 알리기 위해 (놀라운 사실이므로)

외국어는 반복연습이다 : 다음 의미를 영어로 표현할 수 있나요?

1 글쓰기는 그녀의(롤링의) 열정이었습니다. = *Writing was her passion.*

2 그녀는 카페에서 글을 쓰며 시간을 보냈습니다. = *She spent her time writing in cafes.*

3 그녀는 12개의 주요 출판사로부터 거절당했습니다. = *She was rejected by twelve major publishers.*

영어학습전략

1 비유적인 표현은 추론으로 의미를 파악해 보자.

2 동사의 패턴은 노출되는 영어문장을 통해 바로 파악하자.

B i o g r a p h y

In the end, one publishing company gave her the green light.

▸ 결국에는 한 출판사가 그녀에게 청신호를 주었습니다. (=롤링의 책을 출판하기로 했습니다)

They also suggested using her initials as her penname.

▸ 출판사는 또한 롤링의 이니셜을 필명으로 사용할 것을 제안했습니다.

Her full name* is "Joanne Rowling," and "Joanne" is obviously a woman's name.

▸ 조앤의 이름(성명)은 '조앤 롤링'이고, '조앤'은 명백히(분명히, 누구나 알다시피) 여자 이름입니다.

The publishers thought that young boys might not want to read a book written by a woman.

▸ 출판사는 어린 소년들이 여자가 쓴 책은 읽고 싶어하지 않을 수 있다고 생각했습니다.

So her penname became "J.K. Rowling."

▸ 그래서 롤링의 필명은 'J.K. 롤링'이 되었습니다.

The second initial "K" comes from her grandmother's name, "Kathleen."

▸ 롤링의 두 번째 이니셜인 'K'는 롤링의 할머니 이름인 '캐슬린'에서 따왔습니다.

* full name은 first name(이름)과 last name(성)을 모두 포함하는 표현으로, '성명'을 의미함. 영어에서는 이름이 먼저 오고, 성이 뒤를 따르므로, Joanne은 first name이 되고, Rowling은 last name이 됨

전략 1 **비유적인 표현은 추론으로 의미를 파악해 보자.**

[One publishing company **gave her the green light**.]

9주차 학습내용 아침형 인간 = a morning person.

(비유적인 표현으로) an early bird

저녁형 인간 = an evening person, a night person.

(비유적 표현으로) a night owl

an early bird가 사용되는 영어속담

일찍 일어나는 새가 벌레를 잡는다. = The early bird catches the worm.

현주차 학습내용 One publishing company gave her **the green light**.

→ the green light = 초록빛, 초록불 → (신호등) 통과 → **승인, 허가**

Give 사람 the green light = ~에게 허가/승인을 해주다

연습 동료 A : I liked that idea. How is it going?

동료 B : I'm still waiting. But I think the boss will give me the green light.

전략 2 **동사의 패턴은 노출되는 영어문장을 통해 바로 파악하자.**

[They **suggested using** her initials.]

위 문장에서 동사 Suggest의 패턴을 유추하면? = Suggest + 동사-ing (동사 = Use)

제시된 영어문장을 활용하여 영어 공부하는 방법

(1) 제시된 영어 문장을 통해 **동사의 패턴 파악**하기

(2) **사전을 통해 유추한 패턴이 맞는지** 확인하기

(3) 사전의 예시문을 통해 **다른 사용 가능한 패턴도 함께 익히기**

Suggest 동사-ing = ~하는 것을 제안하다

문장 예시

의사와 건강 문제 상담 후 다른 이에게 상담 결과를 얘기하는 상황

The doctor **suggested going for a regular walk** after dinner.

= 의사는 저녁식사 후에 규칙적인 산책을 할 것을 제안했어.

Suggest (that) 주어 + 동사 = ~하라고 제안하다

문장 예시

The doctor **suggested (that) I go for a regular walk** after dinner.

= 의사는 저녁식사 후에 규칙적인 산책을 하라고 제안했어.

Suggest 명사/명사로 끝나는 것 = ~을 제안하다

문장 예시

The doctor **suggested a regular walk** after dinner.

= 의사는 저녁식사 후에 규칙적인 산책을 제안했어.

여행을 갔을 때 호텔 Front Desk의 직원에게

Can you **suggest* a good/decent restaurant** near here?

= 이 근처에 좋은/괜찮은 식당 제안해 주시겠어요?

* 또는 Can you recommend a good/decent restaurant near hear?(= 이 근처에 좋은/괜찮은 식당 추천해 주시겠어요?) 도 가능함

외국어는 반복연습이다 : 다음 의미를 영어로 표현할 수 있나요?

1 그녀의 이름(=성을 포함한 이름)은 Joanne Rowling입니다. = *Her full name is "Joanne Rowling."*

2 그녀의 필명은 J.K. Rowling이 되었습니다. = *Her penname became "J.K. Rowling."*

3 한 출판사가 그녀에게 청신호를 주었습니다. = *One publishing company gave her the green light.*

영어학습전략

1 새로운 동사는 의미에 더해 사용 패턴도 확인하자.

2 의사소통 시 빈번히 사용되는 표현은 반고정청크로 학습하자.

As soon as her first book was published, it became an instant hit.

▸ 롤링의 첫 번째 책은 출판되자 마자 순식간에 히트를 쳤습니다.

From there, she wrote six more *Harry Potter* sequels, and her life changed completely.

▸ 거기서부터 롤링은 '해리포터' 속편을 여섯 편 더 썼고 롤링의 삶은 완전히 변했습니다.

She still loves writing and is one of the most popular writers in the world.

▸ 롤링은 여전히 글쓰기를 좋아하고 세계에서 가장 인기 있는 작가들 중 한 명입니다.

Her success story reminds us not to give up on our dreams and to work hard.

▸ 롤링의 성공담은 우리에게 꿈을 포기하지 말고 열심히 노력하라고 상기시켜 줍니다.

As we all know, success does not come overnight.

▸ 우리 모두가 알고 있듯이 성공은 하루아침에 이루어지는 것이 아닙니다.

전략 1 **새로운 동사는 의미에 더해 사용 패턴도 확인하자.**

[Her success story **reminds us** not **to give up** on our dreams.]

동사 Remind 패턴 = Remind 사람 to 동사

= ~에게 ~하도록 상기시키다, (기억하도록) 다시 한번 알려주다

Her success story **reminds us** not **to give up** on our dreams.

= 롤링의 성공담은 우리에게 꿈을 포기하지 말라고 상기시킨다.

(Her success story **reminds us**) not to give up on our dreams

and **to work hard**.

= and (her success story reminds us) to work hard

→ 괄호 안의 내용이 생략된 것임 (앞에 이미 제시되었기 때문)

= 롤링의 성공담은 우리에게 꿈을 포기하지 말고 열심히 노력하라고 상기시켜 준다.

Remind의 사용 패턴 연습

연습 (남편이 아내에게)

I keep forgetting to pick up the laundry.

= 나 세탁물 찾는 거 자꾸 잊어버리네.

Will you **remind me** before I get off work today?

= 오늘 퇴근하기 전에 다시 한번 알려 줄래?

(사장님이 비서에게)

Please **remind me to call Mr. Kim** before lunch time.

= 점심시간 전에 Mr. Kim에게 전화하라고 다시 한번 알려 줘요/상기시켜 줘요.

전략 2 **의사소통 시 빈번히 사용되는 표현은 반고정청크로 학습하자.**

[**As we all know**, success does not come overnight.]

As 주어 + 동사 = ~듯이, ~다시피 (As = 접속사)

문장 예시

너도 알다시피, 나 사우나 하는 거 싫어해.

= **As you know**, I hate being in a sauna.

= **As you know**, I hate going to a sauna.

예상했던 대로 그는 늦게 도착했다.

= **As I expected**, he arrived late.

외국어는 반복연습이다 : 다음 의미를 영어로 표현할 수 있나요?

1 그녀의 첫 번째 책은 순식간에 히트를 쳤습니다. = *Her first book became an instant hit.*

2 그녀의 삶은 완전히 변했습니다. = *Her life changed completely.*

3 성공은 하루아침에 이루어지는 것이 아닙니다. = *Success does not come overnight.*

The Success Story of J.K. Rowling

Do you know the name, J.K. Rowling? If not, you might be familiar with the novel, *Harry Potter*. J.K. Rowling is the author of the famous *Harry Potter* series. Although she denies it, a lot of people believe she is a billionaire. She is a very talented writer and one of the most successful people in the world. However, her life wasn't like this in the beginning.

Rowling had difficulties starting in her teenage years. Her mother suffered from a long-term disease. At age 25, Rowling lost her mother, and this left her completely heartbroken. Her mother's passing happened six months after Rowling began writing *Harry Potter*, and she did not even know that Rowling was writing it. The loss of her mother influenced the story of *Harry Potter*. In the book, Harry also suffers from the passing of his parents.

After her mother's death, Rowling moved to Portugal in order to seek a change in her life and taught English. There, she met her future husband, a Portuguese TV journalist, and they tied the knot. She was 27. However, her married life was an unhappy one. After only 13 months of marriage, she divorced her husband even though their daughter was just born.

With her infant daughter, Rowling returned to the UK to be near her sister. But the situation did not improve. Rowling was a single mother of a newborn baby and had no regular job. She lived on welfare. She suffered severe depression at the time and even considered suicide. In a Harvard University commencement speech, she described herself saying: "By every usual standard, I was the biggest failure I knew."

Despite these hardships, she did not give up on her *Harry Potter* book. Writing was her passion. She often spent her time writing in cafes while her daughter was sleeping next to her. Finally, at the age of 30, she finished the book, which took her five years to complete.

But her journey did not end there. The next challenge was to get the book published. Before she was accepted, she was rejected by twelve major publishers. They gave her comments like, "The book is too difficult for children" or "It's too long."

In the end, one publishing company gave her the green light. They also suggested using her initials as her penname. Her full name is "Joanne Rowling," and "Joanne" is obviously a woman's name. The publishers thought that young boys might not want to read a book written by a woman. So her penname became "J.K. Rowling." The second initial "K" comes from her grandmother's name, "Kathleen."

As soon as her first book was published, it became an instant hit. From there, she wrote six more *Harry Potter* sequels, and her life changed completely. She still loves writing and is one of the most popular writers in the world. Her success story reminds us not to give up on our dreams and to work hard. As we all know, success does not come overnight.

How to Think Positive to be Happy [1]

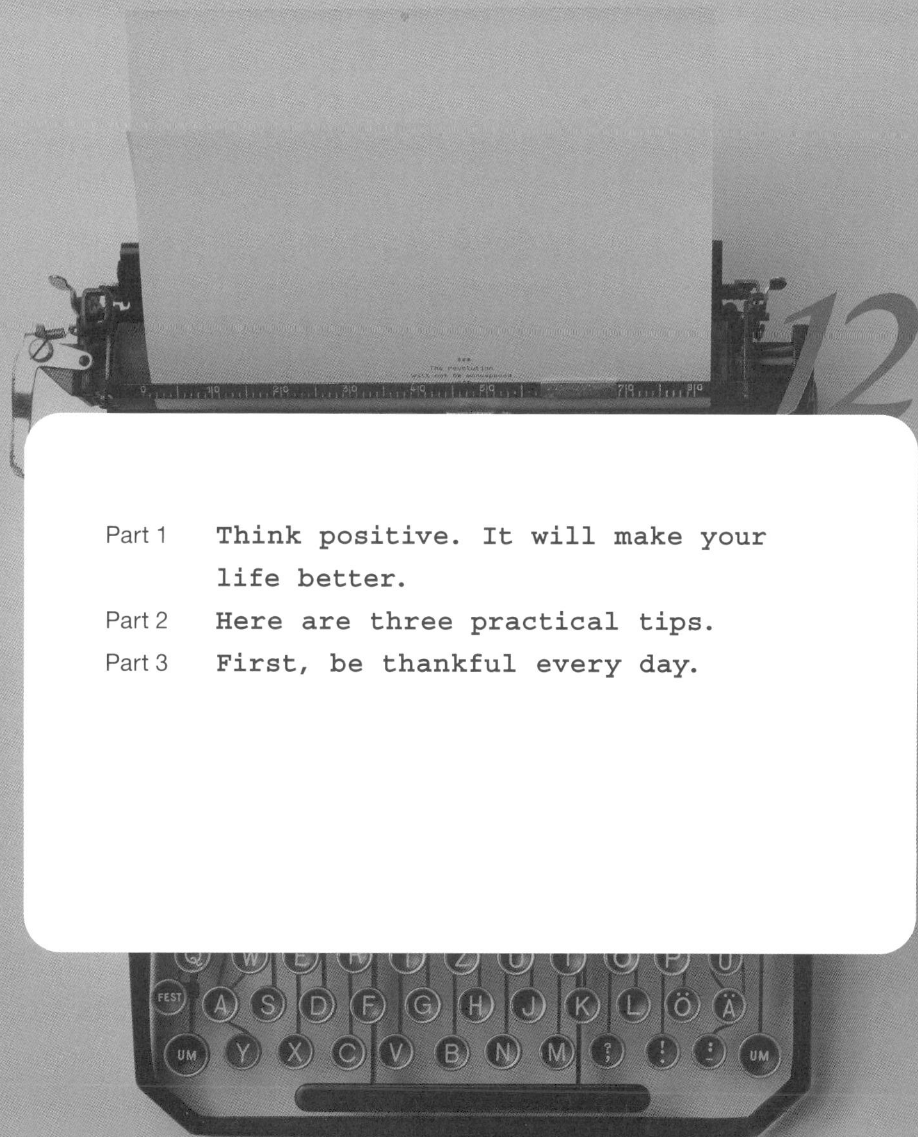

12

Part 1 Think positive. It will make your life better.

Part 2 Here are three practical tips.

Part 3 First, be thankful every day.

영어학습전략

1 반고정청크로 학습하자 : 거의 무제한의 문장 생성이 가능하다.

2 동사의 다양한 패턴을 알면 해석이 쉬워진다.

3 동사의 다양한 역할을 알면 해석이 쉬워진다.

"Think positive.* It will make your life better."

▸ "긍정적으로 생각하세요. 그러면 당신의 삶은 더 좋아질 거예요."

For some of you, this may sound like a cliché, but many researchers have found this to be the case in health, work, and sports.

▸ 여러분 중 몇몇에게는 이 말이 진부하게 들릴 수도 있겠지만 많은 연구자들은 이것이 건강, 직장, 스포츠 분야에서 (실제로) 일어나는 일이라는 것을 발견했습니다.

How then does one think and stay positive?

▸ 그러면 사람은 어떻게 긍정적으로 생각하고 긍정적인 태도를 지니게(유지하게) 될까요?

Actually, positive thinking does require some training.

▸ 사실 긍정적인 사고는 (분명히) 약간의 훈련을 필요로 합니다.

* 형용사인 positive가 사용되었는데, 부사가 아닌 형용사가 사용되는 유사한 영어 표현으로는 Think different, Think big, Dream big 등이 있음

[For some of you, this may sound like a cliché.]

(주어) sound like 명사/명사로 끝나는 것
= ~가 ~처럼 들리다, ~ 같다 (Like = 전치사)

문장 예시

It sounds like rain. = 비가 오는 것 같은데. (It = 비 오는 소리)

That sounds like a good idea! = 그거 좋은 생각 같은데!

너 원어민처럼 들리는데. = **You sound like** a native speaker.

(주어) sound like 주어 + 동사 = ~가 ~하는 것처럼 들리다, ~ 같다 (Like = 접속사)

문장 예시

You sound like you're tired. = (피곤한 것처럼 들리네) 피곤한 것 같네.

He sounds like he needs a break. = 그 사람 휴식이 필요한 것 같아.

Sound와 같은 패턴의 동사 = Seem, Feel, Smell, Taste

문장 예시

피곤한 것 같네.

= (1주차) **You seem** tired. = **You seem like** you're tired.

(최근에) 살이 찐 것 같아.

= (4주차) **I feel like** I've gained weight.

커피 냄새 같은데.

= **It smells like** coffee.

커피 맛 같은데.

= **It tastes like** coffee.

전략 2 **동사의 다양한 패턴을 알면 해석이 쉬워진다.**

[Many researchers **have found this to be** the case in health, work, and sports.]

= 많은 연구자들은 **이것이 건강, 직장, 스포츠에서 일어나는 일이라는 것을 발견했다.**

(9주차) 동사 **(that) 주어 + 동사**

= Understand, Remember, Think **(that) 주어 + 동사**

= that이하를 이해하다, 기억하다, 생각하다

위 동사 패턴을 Find에 적용하면? (6주차: find + (that)절)

Many researchers **have found this to be** the case in health, work, and sports.

= Many researchers **have found (that) this is** the case in health, work, and sports.

Find의 가능한 패턴

❶ Find **(that) 주어 + 동사** = that 이하를 발견하다, 알게 되다

❷ Find + **명사/대명사 + to 동사** = ~가 ~임을 발견하다, 알게 되다

→ 명사/대명사 + to 동사 = [주어 + 동사]의 관계로 해석

사전 활용 **(사전으로 동사의 새로운 패턴 확인하기) : Find**

전략 3 **동사의 다양한 역할을 알면 해석이 쉬워진다.**

[Actually, positive thinking **does require** some training.]

해석 사실, 긍정적인 사고는 / **한다** / 필요로 한다 / 약간의 훈련을 **(X)**

동사 Do의 역할 = ❶ 일반 동사

9주차 학습내용 어떻게 **지내**? 잘 **지내고** 있길 바라.

= How are you **doing**? Hope you're **doing** well.

최선을 다하는 한 큰 문제는 없을 거예요.

= As long as you **do** your best, things will be OK.

동사 Do의 역할 = ❷ 조동사

(2-1) 의문문을 만들 때

(10주차) J.K. Rowling이란 이름을 아십니까? = **Do** you know the name, J.K. Rowling?

(2-2) 부정문을 만들 때

(11주차) 성공은 하루아침에 이루어지는 것이 아니다. = Success **does not** come overnight.

상황은 나아지지 않았다. = The situation **did not** improve.

(2-3) 일반 동사의 의미를 강조할 때

You **do look** handsome with that new haircut.

= 그렇게 머리 자르니깐 **정말 잘 생겨 보이네.**

He **does have** a big voice.

= 그는 목소리가 **정말 크다.**

(비교) He **has** a big voice.

She **did drink**. I could smell the alcohol.

= 그녀는 **분명히 술을 마셨어**. 술 냄새가 났거든.

Actually, positive thinking **does require** some training.

→ Does = Require의 의미를 강조하는 역할, '하다'로 해석 X

강조를 할 때 조동사 Do의 어순 = Do(Does, Did) + 일반동사 (일반동사 : 동사원형의 형태로)

강조를 할 때 조동사 Do(Does, Did)의 발음 = 주변 단어들보다 톤을 높여 발음할 것

외국어는 반복연습이다 : 다음 의미를 영어로 표현할 수 있나요?

1 긍정적으로 생각하세요. 그러면 당신의 삶은 더 좋아질 거예요.
= *Think positive. It will make your life better.*

2 여러분 중 몇몇에게는 이 말이 진부하게 들릴 수 있습니다.
= *For some of you, this may sound like a cliché.*

3 사람은 어떻게 긍정적인 태도를 지니게(=유지하게) 될까요? = *How does one stay positive?*

영어학습전략

1 영어 문장 해석 방법 :

❶ 가주어 It에 속지 말자. + 형용사의 사용 패턴을 활용하라.

❷ 문장의 핵심 구조를 이해해야 한다.

2 어휘의 의미는 다양하다.

\+ 두 개 아이디어 연결 시 접속사를 활용하자.

3 비교급은 명사, 부사와도 사용된다.

\+ 비교급에 '강조'의 의미를 더할 수도 있다.

4 어휘 학습법 : 접사를 이용하여 쉽고 오래 기억하자.

While it is easy to think positively when things go well, it is difficult to do so when things go wrong.

▸ 일이 잘 될 때는 긍정적으로 생각하는 것이 쉽겠지만 일이 잘 풀리지 않을 때는 그렇게 생각하는 것이 어렵습니다.

What's more, humans naturally pay more attention to negative experiences than positive ones.

▸ 더욱이 인간은 태생적으로 긍정적인 경험보다는 부정적인 경험에 더 많은 관심을 기울입니다.

For instance, we tend to recall insults much better than praise.

▸ 예를 들어 우리는 칭찬보다 모욕(모욕적인 말, 행동들)을 훨씬 더 잘 기억하는 경향이 있습니다.

Likewise, bad first impressions are difficult to forget.

▸ 마찬가지로 안 좋은 첫인상은 잊기가 힘듭니다.

And past traumas often have such lingering effects that they stay with us for a long time.

▸ 그리고 과거의 트라우마는 종종 오래 지속되는 영향이 있어서 그 기억들은 오랜 시간 우리와 함께 합니다.

So it is very important to train our minds to focus on the positive.

▸ 그래서 긍정적인 것에 집중하도록 (하기 위해) 우리의 마음을 훈련시키는 것이 매우 중요합니다.

Here are three practical tips.

▸ 세 가지 실용적인 조언을 소개하겠습니다.

전략 1 **영어 문장 해석 방법** **❶ 가주어 It에 속지 말자. + 형용사의 사용 패턴을 활용하라.**

[**It is easy to think positively** when things go well.]

해석

그것은 쉽습니다. + 긍정적으로 생각하는 것 **(X)** **긍정적으로 생각하는 것은** 쉽습니다. **(O)**

→ It = 가주어(가짜 주어), 역할 = 주어의 자리를 채워주는 역할 + '그것'으로 해석 X

It is easy **to think positively**.

→ 진주어/진짜 주어 = to think positively, It = 가주어

= **긍정적으로 생각하는 것은** 쉽다.

원래 문장

To think positively is easy when things go well.

= **It** is easy **to think positively** when things go well.

유사 예시

So **it** is very important **to train our minds**.

→ to 동사의 역할 : (우리의 마음을) 훈련시키는 것은 → '주어'로 해석

(비교) So it is very important to train our minds **to focus on the positive**.

→ to 동사의 역할 : ~하기 위해서 → '목적'의 의미로 해석

위 예시 문장들의 또 다른 공통점은 무엇일까?

→ [It is **형용사** to 동사] 패턴 = '동사' 하는 것은 '형용사' 하다

위 패턴으로 사용되는 형용사 예시들

Easy, Difficult, Important, Hard, Possible, Impossible

Exciting, Interesting, Safe, Dangerous,

Expensive, Cheap, Nice

문장 예시

Do you think **it's safe to drive today**?

= 오늘 운전하는 게(것이) 안전할 것 같아?

Do you think **it's** always **cheaper to shop online**?

= 온라인으로 쇼핑하는 것이 항상 더 저렴하다고 생각해?

안 좋은 첫인상은 잊기가 어렵다.

= **Bad first impressions** are difficult **to** forget.

(bad first impressions = 문장의 주어)

= **It is** difficult **to** forget **bad first impressions**.

(bad first impression = forget의 목적어)

유사 예시

(7주차) 경험은 객관적으로 비교하기가 힘들다.

= **Experiences** are hard **to** compare objectively.

(experiences = 문장의 주어)

= **It is** hard **to** compare **experiences** objectively.

(experiences = compare의 목적어)

연습

His handwriting is impossible **to** read. = 그의 필체는 읽을 수가 없다.

(his handwriting = 문장의 주어)

= **It's** impossible **to** read **his handwriting**.

(his handwriting = read의 목적어)

그의 필체는 형편없어. 도저히 읽을 수가 없어.

= (1) His handwriting is awful. **It**'s impossible to read **it**.

→ 앞의 It = [It is 형용사 to 동사] 패턴의 가주어 It, '그것'으로 해석 **(X)**

뒤의 It = 앞 문장의 his handwriting의 반복을 피하기 위한 It, '그것'으로 해석 **(O)**

(비교)

= (2) His handwriting is awful. **It**'s impossible to read.

→ It = 앞 문장의 his handwriting의 반복을 피하기 위한 It, '그것으로' 해석 **(O)**

영어 문장 해석 방법 ❷ 문장의 핵심 구조를 이해해야 한다.

Past traumas often have **such** lingering effects **that** they stay with us for a long time.

위 문장의 핵심 패턴
= such (형용사 + 명사) that (주어 + 동사) = 너무 ~해서 ~하다 (강조를 할 때 사용)

Such의 기본 패턴 = such (형용사 + 명사) = 너무 ~한

문장 예시

You have **such a nice office**. = 사무실이 **굉장히** 좋은데요.

목소리가 **정말** 좋으시네요. = You have **such a good voice**.

방이 전망이 **정말** 좋네요. = You have **such a great view**.

(또는) Your room has **such a great view**.

Such의 확대 패턴 = such (형용사 + 명사) that (주어 + 동사) = 너무 ~해서 ~하다

문장 예시 그 카페는 커피가 **너무** 맛있어서 거의 매일 간다.

= The cafe has **such** great coffee **that** I go there almost every day.

→ Coffee = 위 상황에서의 '커피'는 셀 수 없는 명사로 사용됨 → 관사 사용 (X)

(비교) You have such **a** nice **office**. = '사무실'은 셀 수 있는 명사임 → 관사 사용 (O)

전략 2 **어휘의 의미는 다양하다. + 두 개 아이디어(절) 연결 시 접속사를 활용하자.**

[**While** it is easy to think positively when things go well, it is difficult to do so when things go wrong.]

It is easy to think positively when things go well. + It is difficult to do so when things go wrong.

→ 연결어(접속사) 없이 2개의 개별 문장으로 작성 시, 문장 흐름이 어색함

접속사 But = ~지만 (2개 아이디어 사이의 대조를 나타낼 때 사용)

It is easy to think positively when things go well, **but** it is difficult to do so when things go wrong.

→ 연결어(접속사)를 사용하면 이해하기 쉽고 매끄러운 문장 흐름이 됨

위 문장을 다른 연결어를 사용하여 표현하면?

= **While** it is easy to think positively when things go well, it is difficult to do so when things go wrong.

접속사 While = ~인데 반하여 (2개 아이디어 사이의 대조를 나타낼 때 사용)

사용 패턴 = While 주어 + 동사, 주어 + 동사 (또는) 주어 + 동사 while 주어 + 동사

11주차 학습내용 (비교) She often spent her time writing in cafes **while** her daughter was sleeping next to her. → while = ~하는 동안

접속사 While의 다양한 의미 = ❶ ~인데 반하여 ❷ ~하는 동안

연습 (~인데 반해)

남편은 한식을 좋아하는데 반해 나는 양식을 좋아한다.

= My husband likes Korean food, **but** I like Western food.

= **While** my husband likes Korean food, I like Western food.

= My husband likes Korean food **while** I like Western food.

(~하는 동안)

임신 중이었을 때 나는 커피를 전혀 마시지 않았다.

= **While** I was pregnant, I didn't drink any coffee.

= I didn't drink any coffee **while** I was pregnant.*

전략 3 **비교급은 명사, 부사와도 사용된다. + 비교급에 '강조'의 의미를 더할 수도 있다.**

[Humans naturally pay **more attention** to negative experiences than positive ones.]

More + (명사) = 더 ~한 + (명사)

More attention = 더 많은 관심 (attention = 셀 수 없는 명사 → **복수형 -s 사용 X**)

More chair**s** = 더 많은 의자 (chair = 셀 수 있는 명사 → **복수형 -s 사용해야 함**)

* 또는 접속사 when을 사용하여 다음 2개의 문장도 같은 의미로 가능함
When I was pregnant, I didn't drink any coffee. / I didn't drink any coffee **when** I was pregnant.

연습 옆 방에 의자가 더 있어요.

= There are **more chairs** in the next room.

(또는) There are **more chairs** next door.

(식당/비행기에서) 와인 좀 더 주시겠어요? = Can I have **more wine**, please?

(비즈니스 상황) 더 많은 정보를 알게 되면 (당신에게) 알려 줄게요.

= I'll update you if I get **more information**.

(비교) more information**s** **(X)** → information : 셀 수 없는 명사임

[We tend to recall insults **much better** than praise.]

문장 예시 We recall insults **well**.

= 우리는 모욕을 **잘** 기억한다. (well = (부사) 잘)

We recall insults **better**.

= 우리는 모욕을 **더 잘** 기억한다. (better = 부사 well의 비교급)

We recall insults **better** than praise.

= 우리는 칭찬보다 모욕을 **더 잘** 기억한다.

Much = 훨씬 (비교급 앞에 사용되어 비교급의 의미를 강조하는 역할)

문장 예시 우리는 칭찬보다 모욕을 **훨씬** 더 잘 기억한다.

= We recall insults **much** better than praise.

(비교) Much = (부사) 많이 (보통 부정어와 자주 사용됨)

9주차 학습내용 저는 공부를 많이 하지 못했어요. = I couldn't study **much**.

저는 그 여자 별로 안 좋아해요. = I don't like her **much**.

Better = 더 잘 (부사 Well의 비교급)

연습

그 선수들은 후반전에 **잘** 했다.

= They played **well** in the second half.

그 선수들은 후반전에 **훨씬 더 잘** 했다.

= They played **much better** in the second half.*

(비교) Better = 더 좋은, ~에 더 능한 (형용사 Good의 비교급) (7주차)

문장 예시

이 방은 전망이 **좋다.**

= This room has a **good** view.

이 방은 **훨씬 더 좋은** 전망을 가지고 있다.

= This room has a **much better** view.

나는 영어에 **능하다.** (=영어를 잘 한다)

= I'm **good** at English.

나는 일본어보다 영어를 **훨씬 더 잘** 한다.

= I'm **much better** at English than Japanese.

* '전반전'은 'the first half'로 표현됨

전략 4 **어휘 학습법** **접사를 이용하여 쉽고 오래 기억하자.**

[We tend to **recall** insults much better than praise.]

접두사 Re– = 다시 (again)

Recall = Re + Call = 기억해 내다, 상기하다, 하자가 있는 제품을 회수하다

추가 예시

Remind (11주차) = 상기시키다, 다시 한번 알려 주다

Reapply = 다시 지원하다

Revise = 수정하다

Re–evaluate = 재평가하다

Reincarnation = (명사) 환생

→ 결과적으로 접두사의 의미를 알면 모르는 어휘도 의미를 유추할 수 있다!

외국어는 반복연습이다 : 다음 의미를 영어로 표현할 수 있나요?

1 일이 잘 될 때는 긍정적으로 생각하는 것이 쉽습니다.

= *It is easy to think positively when things go well.*

2 사무실이 굉장히 좋은데요. = *You have such a nice office.*

3 마찬가지로 안 좋은 첫인상은 잊기가 어렵습니다.

= *Likewise, bad first impressions are difficult to forget.*

영어학습전략

1 지문에서 특정 어휘가 반복될 때 그 어휘의 사용 환경에 주목하여 패턴을 파악하자.

2 반고정청크로 학습하자 : 거의 무제한의 표현 생성이 가능하다.

First, be thankful every day.

Whether you realize it or not, there are so many wonderful things in your life.

For one thing, you have a healthy, fully functioning body.

Your legs and feet let you walk, run, or play your favorite sports on the weekend.

Your hands and fingers let you function well at work.

You can type on the computer and send text messages to your colleagues.

You can also flip pages of your favorite novels and drink a glass of water as soon as you feel thirsty.

If you reflect on these things every day, you will feel grateful and more positive about your life.

▸ 첫째, 매일 감사하는 마음을 갖도록 하세요.

▸ 여러분이 깨닫든 못 깨닫든 여러분의 삶에는 멋진 일들이 너무나 많습니다.

▸ 우선 첫째로 여러분은 건강하고 완전히 기능하는 신체를 가지고 있습니다.

▸ 여러분의 다리와 발은 여러분이 걷거나 뛰거나 또는 주말에 여러분이 가장 좋아하는 스포츠를 할 수 있게 해 줍니다.

▸ 여러분의 손과 손가락은 여러분이 직장에서 잘 기능할 수 있도록 해 줍니다.

▸ 여러분은 컴퓨터에 타이핑을 할 수 있고 동료들에게 문자 메시지를 보낼 수 있습니다.

▸ 여러분은 또한 여러분이 가장 좋아하는 소설의 페이지를 넘길 수 있고 목이 마르는 즉시 물 한 잔을 마실 수도 있습니다.

▸ 여러분이 매일 이러한 일들을 되돌아 본다면 여러분은 여러분의 삶에 대해 감사함을 느끼고 더 긍정적으로 생각하게 될 것입니다.

전략 1 **지문에서 특정 어휘가 반복될 때 그 어휘의 사용 환경에 주목하여 패턴을 파악하자.**

Your hands and fingers **let you function** well at work.
Your legs and feet **let you walk, run, or play** your favorite sports on the weekend.

Let의 사용 패턴 유추

문장 예시 Your hands and fingers **let you function** well at work.

(해석) 당신이 기능한다

Your legs and feet **let you walk**, run, or play your favorite sports on the weekend. (해석) 당신이 걷는다

위 패턴과 유사한, 이전에 배웠던 Help의 사용 패턴을 상기시켜 보자.

= (4주차) Help + **명사/대명사 + 동사(원형)** = ~(명사/대명사)가 ~(동사)하도록 도와주다

→ **명사/대명사 + 동사(원형) = [주어 + 동사]의 관계로 해석**

문장 예시 Your hands and fingers **let you function** well at work.

→ (let의 사용 패턴 유추) = let + 대명사(you) + 동사 function?

Your legs and feet **let you walk**, run, or play your favorite sports on the weekend.

→ (let의 사용 패턴 유추) = let + 대명사(you) + 동사 walk?

사전을 통해 유추한 Let의 사용 패턴 확인

= Let + **명사/대명사 + 동사(원형)** = ~(명사/대명사)가 ~(동사)하도록 (허용)해 주다, 가능하게 해 주다

→ **명사/대명사 + 동사(원형) = [주어 + 동사]의 관계로 해석**

문장 예시 Your hands and fingers **let you function** well at work.

(해석) 여러분이 (직장에서 잘) 기능할 수 있도록 해 준다

Your legs and feet **let you walk, run,** or **play** your favorite sports on the weekend.

(해석) 여러분이 걷거나, 뛰거나 또는 (주말에 가장 좋아하는 스포츠를) 할 수 있게 한다

Or의 사용 패턴

문장 예시 Your legs and feet let you **walk, run, or play your favorite sports** on the weekend.

Or의 사용 패턴 : ❶ A 또는 B = A or B ❷ A 또는 B 또는 C = A, B, or C

문장 예시 여러분의 발은 여러분이 **걷거나 뛰게** 해 준다.

= Your feet let you **walk or run**. → A or B

여러분의 발은 여러분이 **걷거나 뛰거나 또는 스포츠를 할 수 있게** 해 준다.

= Your feet let you **walk, run, or play sports**. → A, B, or C

전략 2 **반고정청크로 학습하자** 거의 무제한의 표현 생성이 가능하다.

[**Whether you realize it or not**, there are so many wonderful things in your life.]

→ 위 문장의 It = 뒤에 나오는 there are so many wonderful things in your life를 지칭함*

Whether (주어 + 동사) it or not, (주어 + 동사) = ~이든 아니든, ~하다

문장 예시

Whether you like it or not, you have to see a dentist.

= **좋든 싫든**, 치과에 가야 해. (it = you have to see a dentist)

= **Like it or not**, you have to see a dentist. (whether you는 생략 가능함)

(외국인에게) **믿든 안 믿든**, 한국에서는 거의 모든 종류의 음식이 어디에든 배달돼.

= **Whether you believe it or not**, almost any kind of food is delivered anywhere in Korea.

= **Believe it or not**, almost any kind of food is delivered anywhere in Korea.

(수동태)

안 믿을 지 모르겠지만 (상대방에게 놀랍거나 사실이 아니게 들릴 만한 내용을 말할 때 사용)

---

* 대명사가 뒤에 언급되는 내용을 미리 받아서 지칭하는 경우로 10주차에서 학습한 다음 문장과 동일한 케이스임
→ Although she denies it, a lot of people believe she is a billionaire.

외국어는 반복연습이다 : 다음 의미를 영어로 표현할 수 있나요?

1 첫째, 매일 감사하는 마음을 갖도록 하세요. = *First, be thankful every day.*

2 여러분이 깨닫든 못 깨닫든 여러분의 삶에는 멋진 일들이 너무나 많습니다.
= *Whether you realize it or not, there are so many wonderful things in your life.*

3 여러분의 다리는 주말에 여러분이 가장 좋아하는 스포츠를 할 수 있게 해 줍니다.
= *Your legs let you play your favorite sports on the weekend.*

How to Think Positive to be Happy [2]

13

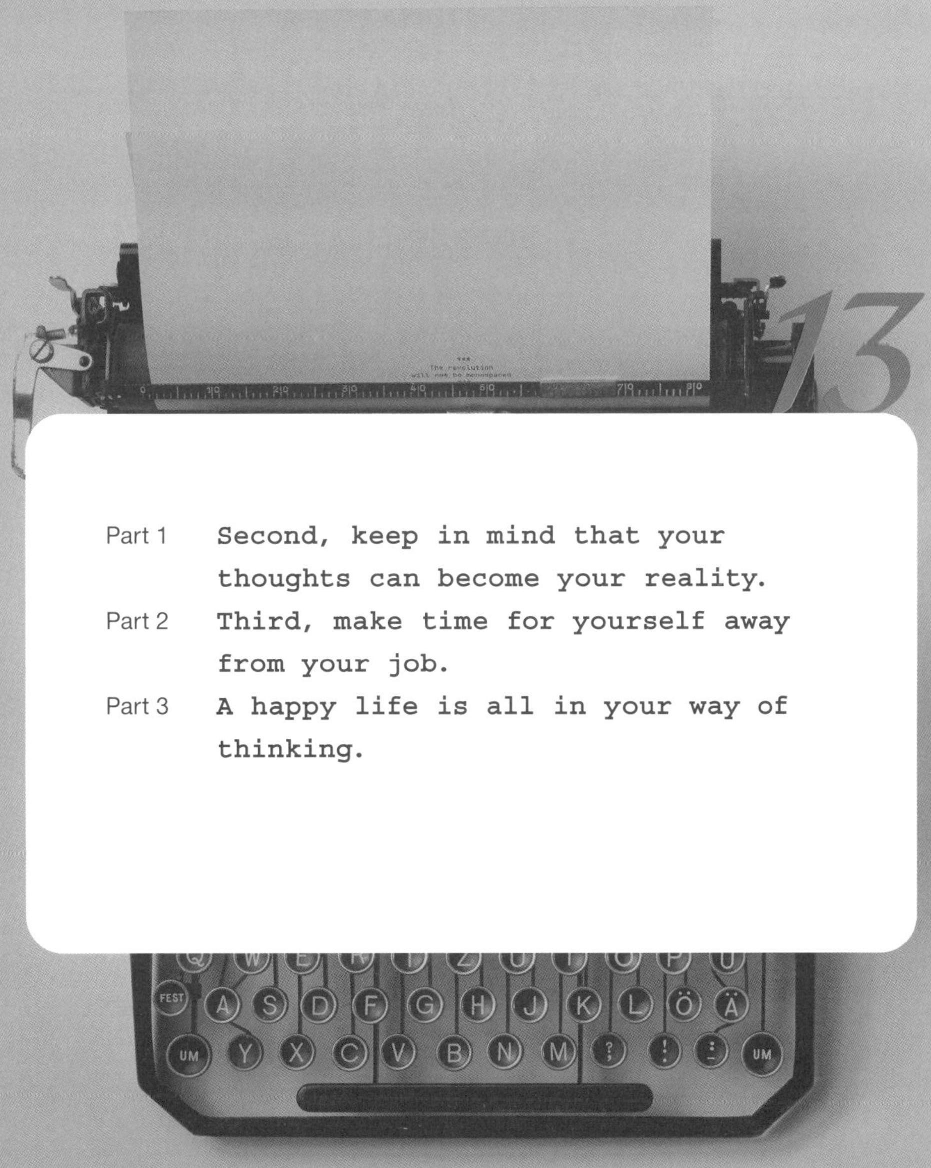

Part 1 Second, keep in mind that your thoughts can become your reality.

Part 2 Third, make time for yourself away from your job.

Part 3 A happy life is all in your way of thinking.

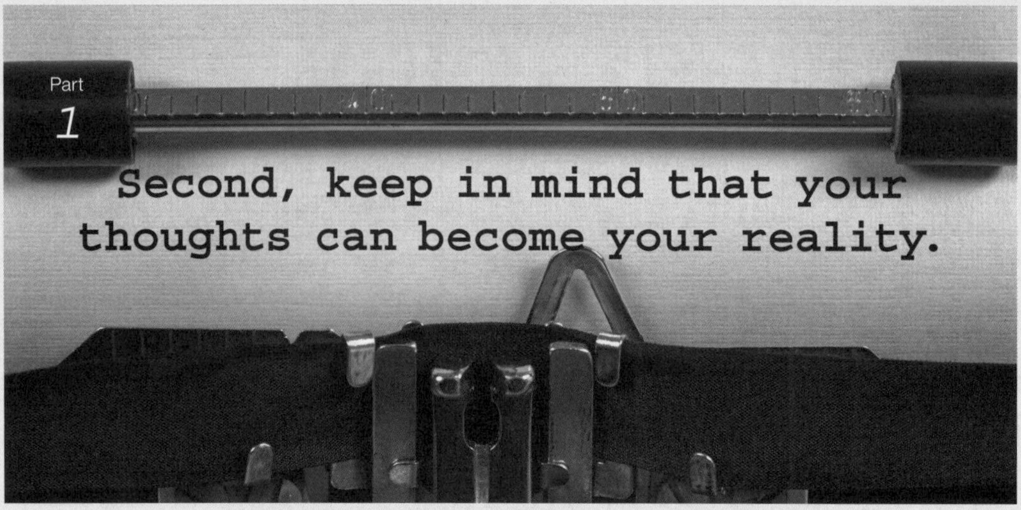

영어학습전략

1 어휘 학습법 :
❶ 사용 패턴으로 익혀 의사소통 시 바로 사용할 수 있도록 하자.
❷ 자주 사용되는 접사를 익혀 어휘력을 단시간에 확장시키자.

2 형용사 학습법 : 새로 접하는 어휘의 품사가 형용사인 경우, 함께 사용되는 전치사도 익혀야 한다.

3 동사 학습법 : 일상적인 상황에서 자주 사용되는 구동사를 익혀두자.

4 영어식 표현에 노출되어 영어식 사고방식에 익숙해지자.

Second, keep in mind that your thoughts can become your reality.
▸ 둘째, 여러분의 생각이 여러분의 현실이 될 수 있다는 것을 명심하세요.

For example, if you believe that you are incapable of doing something work- or health-wise, you are limiting your potential.
▸ 예를 들어, 만약 여러분이 일적으로 또는 건강상으로 무언가를 할 능력이 없다고 믿으면 여러분은 여러분의 잠재력을 제한하고 있는 것입니다.

And you'll likely put less effort in* it.
▸ 그리고 아마도 그 일에 노력을 덜 기울일 것입니다.

The results will be obvious.
▸ (그러면) 결과는 뻔할 것입니다.

If you want to achieve something, first think positively, then take action and give it your best shot.
▸ 무언가를 성취하고 싶다면 먼저 긍정적으로 생각하고 그리고 나서 행동을 취하고 최선을 다해 보세요.

Your life will begin to change the moment you change your thinking.
▸ 여러분의 인생은 여러분이 생각을 바꾸는 순간 달라지기 시작할 것입니다.

---

* 또는 into도 가능함

전략 1 **어휘 학습법 ❶ 사용 패턴으로 익혀 의사소통 시 바로 사용할 수 있도록 하자.**

[**Keep in mind that** your thoughts can become your reality.]

어휘 학습법

→ (1) (사전의 도움 없이 사전 지식(prior knowledge)을 활용하여) 의미 유추해 보기

(2) 사전을 통해 유추한 의미가 맞는지 확인하기

(3) (문장으로 발화, 작문하기 위해서는) 그 어휘의 사용 패턴을 익히기

Keep in mind의 기본 패턴

= Keep **something(사물, 것)** / **someone(사람)** in mind

= ~을 고려하다(consider), 염두에 두다, 마음에 새겨두다, 명심하다, 기억해 두다

문장 예시

충고 명심할게요.

= I'll **keep your advice in mind**.

수학 선생님이 필요하면 당신(=선생님) 기억해 둘게요.

= I'll **keep you in mind** if we need a math teacher.*

---

* 추가예시: A: It might rain today so you may want to leave work early.
= 오늘 비가 올지도 모르니, 일찍 퇴근하는 게 좋을지도 몰라요.
B: I'll keep that in mind.
= 참고할게요.

Keep in mind의 확대된 패턴

= Keep in mind **that 주어 + 동사** = ~임을 기억하다, 명심하다

문장 예시

A : **Keep in mind** that he can't hear well.

= 그 분 귀가 잘 안 들린다는 점 잊지 마세요.

B : Okay. I'll speak loudly when I talk to him.

= 알겠어요. 그 분께 얘기할 때는 큰 소리로 말할게요.

현주차 학습내용

Keep in mind that your thoughts can become your reality.

= **Bear in mind** that your thoughts can become your reality.

[Your life will begin to change **the moment you change your thinking**.]

어휘 학습법

→ (1) 사전을 통해 의미 확인하기

(2) 문장에서 그 어휘가 사용된 패턴에 주목하기

Moment의 사용 패턴 = The moment 주어 + 동사 = ~가 ~하는 순간

연습

넌 눕는 순간 잠이 들 거야.

= You'll fall asleep **the moment / the minute / the second you lie down**.

= **The moment / the minute / the second you lie down**, you'll fall asleep.

돈이 생기는 즉시 갚을게.

= **The moment I get some money**, I'll pay you back.

~가 ~하는 순간, ~하는 즉시 = (4, 9, 11, 12주차) As soon as 주어 + 동사

Your life will begin to change **the moment you change your thinking**.

= Your life will begin to change **as soon as you change your thinking**.

어휘 학습법 ❷ 자주 사용되는 접사를 익혀 어휘력을 단시간에 확장시키자.

[You are **incapable** of doing something work-or health-wise.]

Incapable = In- (접두사 : not, '부정') + Capable (형용사 : ~을 할 수 있는, 능력이 되는)

= ~을 할 수 없는, 능력이 되지 않는 (형용사)

접두사 In-이 사용된 어휘

Correct (정확한) → **In**correct (부정확한)

Formal (격식적인) → **In**formal (비격식적인)

Appropriate (적절한) → **In**appropriate (부적절한)

Dependent (의존하는) → **In**dependent (독립적인)

Frequent (잦은, 빈번한) → **In**frequent (잦지 않은, 드문)

접미사 -able = (형용사에서) ~의 특질을 갖는, ~할 수 있는

Incap**able** = ~을 할 수 없는, ~할 능력이 되지 않는

접미사 -able이 사용된 어휘 (형용사)

Enjoy**able** (즐거운)

Fashion**able** (유행하는)

Unbeliev**able** (믿기 힘든) (비교) Believ**able** (믿을 만한, 그럴 듯한)

Port**able** (휴대할 수 있는)

Memor**able** (기억할 만한)

Comfort**able** (편안한)

Prevent**able** (막을 수 있는, 예방할 수 있는)

[You are incapable of doing something **work**-or **health-wise**.]

접미사-wise = (명사를 부사로 만드는 접미사) = ~에 관하여, ~의 면에서는

예시 Money-**wise** (금전적으로) Business-**wise** (사업적으로)

연습 Things are good **money-wise**.

= 금전적으로(는) 상황이 좋아요.

Business-wise, things aren't good.

= 사업적으로(는) 상황이 좋지 않아요.*

* 추가예시: 금전적으로(는) 상황이 좋아지고 있어요.
= Things are picking up **money-wise**.
= Things are improving **money-wise**.
= I'm doing better **financially**.

사업적으로(는) 상황이 좋아지고 있어요.
= **Business-wise**, things are picking up.
= **My business** is picking up.
= **My business** is improving.

전략 2 **형용사 학습법** **새로 접하는 어휘의 품사가 형용사인 경우, 함께 사용되는 전치사도 익혀야 한다. (이유 : 의사소통 하려면 문장을 만들어야 하기 때문에)**

[You are **incapable of doing** something work-or health-wise.]

형용사 Incapable의 사용 패턴
= Incapable of something(=명사) (또는) Incapable of 동사-ing
= ~을 할 수 없는, ~할 능력이 되지 않는

문장 예시

그녀는 공감능력이 없다.

= She's incapable **of empathy**.

= She's incapable **of understanding others' feelings**.

형용사 Capable의 사용 패턴
= Capable of something (또는) Capable of 동사-ing
= ~을 할 수 있는, ~할 능력이 되는

문장 예시

나는 그가 무엇이든 할 수 있다고 생각한다. (=할 능력이 되는 사람이다)

= I think he's capable **of anything**.

= I think he's capable **of doing anything**.

전략 3 **동사 학습법** **일상적인 상황에서 자주 사용되는 구동사를 익혀두자.**

[You'll **put** less effort **in** it.]

→ Put in (구동사) = Put (동사) + in (또는 into도 가능함) = (시간, 노력을) 들이다

문장 예시

You'll put less effort in/into it. = 당신은 그것에 노력을 덜 기울일 것이다.

Put이 사용되는 구동사

Put on = ❶ (옷 등을) 입다

문장 예시

Should I **put on (a shirt and) a tie** today?

= 오늘 (셔츠를 입고) 넥타이를 매야 될까 (=매면 좋을까)?

It's chilly outside. **Put on a scarf and gloves**.

= 밖에 날씨가 쌀쌀해. 목도리 하고 **장갑** 껴.

Put on = ❷ 화장을 하다, 바르다

문장 예시

화장 좀 할까? (=화장 좀 하는 게 좋을까?) = Should I **put on some make up**?

Should I **put on lipstick**? = 립스틱 바를까? (=바르면 좋을까?)

Put down = ~을 깎아 내리다, 바보로 만들다

문장 예시

Jenny's always trying to **put me down**. = 제니는 항상 나를 깎아내리려고 해.

→ 대명사가 목적어일 경우, 항상 구동사 중간에 위치함

Put up = ❶ ~을 세우다

문장 예시

I can't **put up the tent**. Can you help? = 텐트를 칠 수가 없네. 좀 도와 줄래?

Put up = ❷ ~을 붙이다, 게시하다

문장 예시

Can I **put up some posters** on this bulletin board?

= 이 게시판에 포스터 좀 붙여도 될까요?

Put back = ~을 다시 제자리에 두다

문장 예시

(서점 안내판) 책을 다 읽은 후에는 제자리에 놓아 주세요.

= Please **put books back** when you're finished with them.

→ 명사(구)가 목적어일 경우, 구동사에 따라 구동사 중간에 위치 가능함

Put off = (~의 날짜, 시간 등을) 연기하다

문장 예시

회의를 다음 주로 미룰 수 있을까요?

= Can we **put off the meeting** until next week?

We had to **put the trip off** because Jenny got sick.

= 제니가 아파서 여행을 연기해야 됐어요.

Put through = ~를 전화로 연결해 주다

문장 예시

(전화 상에서) Please hold and I'll **put you through**.

= (수화기를 들고) 잠시 기다려 주시면 연결해 드릴게요.

Please hold while I **put you through to** Mr. Kim. (while = ~하는 동안)

= 김 선생님께 연결해 드릴 테니 (=연결해 드리는 동안) 잠시 기다리세요.

마케팅 부서에 (저를) 연결 좀 해 주시겠어요?

= Can you **put me through to** the Marketing Department, please?

Put together = ~을 만들다

문장 예시

(교수님이 학생에게) How about **putting together a newsletter** for our department?

= 우리 학과 소식지 만들어 보는 게 어때요?

Put up with = (무엇/누구를) 참다 (목적어는 항상 put up with 다음에 위치함)

문장 예시

I can't **put up with her lies** any more.

= 그녀의 거짓말을 더 이상은 참을 수가 없어.

How have you **put up with him** all these years?

= 오랜 시간 어떻게 그를 참아 왔어요?

Put down for = (~의 명단)에 ~의 이름을 올려 놓다, 적어두다

문장 예시

Can you **put me down for the offline English class**, please?

= 그 오프라인 영어 수업 참여자로 제 이름 올려 주시겠어요?

사전 활용 (사전을 이용하여 구동사 찾기) : Put이 사용되는 구동사

전략 4 **영어식 표현에 노출되어 영어식 사고방식에 익숙해지자.**

[If you want to achieve something, **give it your best shot.**]

'최선을 다하다' 의 영어식 표현 = Give it your best shot (비격식적 표현)

= 그것에 너의 최선을 주다

연습 그 게임은 이기기 힘들지만, **우리는 최선을 다할 거야.**

= The game is hard to win, but **we'll give it our best shot**.

Give와 함께 사용되는 어휘

Give it a shot = Give it a try = Give it a go = 그것에 시도를 주다 → 시도하다

Give it a thought = 그것에 생각을 주다 → 생각해 보다

Give it a read = 그것에 읽기/독서를 주다 → 읽다

Give it a push = 그것에 밀기를 주다 → 밀다

Give it a rest = 그것에 쉼/휴식을 주다 → 그만해 (짜증나는 어투로)

문장 예시

(친구에게)

I know the exam is hard to pass, but I've decided to **give it a shot**. Who knows?

= 그 시험 통과하기 어렵다는 건 알지만, 시도해 보기로 했어. 누가 알아? (붙을지?)

(동료에게)

Have you **given my proposal any thought**?

= 제 제안서에 생각을 좀 줬어요? → 제 제안서 생각 좀 해 봤어요?

(친구에게)

This is one of my all-time favorite books. You should **give it a read**.

= 이건 내 인생 책 중 하나야. 너도 읽으면 좋을 거야. (=You should read it.)

(주차장에서)

Hmm... I'll need to **give that car a little push**.

= 음... 저 차에 약간의 밀기를 줘야 되겠네. → 음... 저 차 좀 밀어야 되겠네.

(연인/친구에게)

Oh, give it a rest. I've already apologized to you, ten times!

= 그만 좀 해. 미안하다고 이미 사과 했잖아. 10번이나!

= **Oh, give me a break**. I've already apologized to you, ten times!

→ Give it a break. **(X)**

외국어는 반복연습이다 : 다음 의미를 영어로 표현할 수 있나요?

1 결과는 뻔할/명백할 것입니다. = *The results will be obvious.*

2 회의를 다음 주로 미룰 수 있을까요? = *Can we put off the meeting until next week?*

3 무언가를 성취하고 싶다면 최선을 다해 보세요. = *If you want to achieve something, give it your best shot.*

영어학습전략

1 어휘 학습법 : 아는 어휘가 다시 사용되면 유사점, 차이점을 파악하여 어휘 지식을 재정리하자.

2 동사 학습법 : 동사의 패턴을 익힐 때 동사의 기본 의미에서 연결시키자.

3 전치사 학습법 : 전치사는 한 개 이상의 어휘로도 구성된다. 하지만 빠른 발화, 작문을 위해 하나의 어휘로 익히자.

4 한국어와 영어의 차이를 이해하자 : 영어의 어순은 [피수식어 + 수식어]이다.

Third, make time for yourself away from your job.

▸ 셋째, 직장에서 떨어져 있는 시간을 만드세요.

We spend 8 hours or so a day at work, and stress at work is common.

▸ 우리는 직장에서 하루에 8시간 정도를 보내며 직장에서의 스트레스는 흔한 일입니다.

But if you let it persist, you'll likely grow to hate your job and end up with anxiety or depression.

▸ 하지만 여러분이 그 스트레스가 지속되도록 내버려두면 결국 불안이나 우울증에 빠지게 될 것입니다.

To prevent this, focus on something outside of work.

▸ 이를 방지하기 위해서는 직장 외의 무언가에 집중하세요.

Do yoga or meditation. Or find hobbies and invest some regular time and effort on* them.

▸ 요가나 명상을 하세요. 아니면 취미를 찾아서 그 취미에 고정적인 시간과 노력을 기울이세요.

Doing things you enjoy will help you shift your focus from negative to positive thoughts.

▸ 여러분이 즐기는 일을 하는 것은 여러분의 초점을 부정적인 생각에서 긍정적인 생각으로 전환하는데 도움이 될 것입니다.

Try not to vegetate in front of the TV.

▸ 텔레비전 앞에서 (=텔레비전만 보면서) 무료한 시간을 보내지 않도록 하세요.

* 또는 in도 가능함

전략 1 **어휘 학습법** **아는 어휘가 다시 사용되면 유사점, 차이점을 파악하여 어휘 지식을 재정리하자.**

[If you **let it persist**, you'll likely grow to hate your job.]

(12주차) Let의 사용 패턴 = Let + 명사/대명사(**사람**) + 동사원형

= (누구)가 ~하도록 (허용)해 주다, 가능하게 해 주다

예 Your hands and fingers **let you function** well at work.

(해석) 당신의 손과 손가락은 **당신이** 직장에서 잘 기능할 수 있도록 해 준다.

현주차 학습내용 If you **let it persist**, you'll likely grow to hate your job.

(it = 앞 문장의 stress at work)

Let의 다른 가능한 패턴 = Let + 명사/대명사(**사물, 것**) + 동사원형

= (무엇)이 ~하도록 놓아두다, 내버려 두다

(해석) 당신이 **그 스트레스가** 지속되도록 내버려 둔다면

[You'll **end up with anxiety** or **depression**.]

4주차 학습내용 I usually **end up getting up** at 7ish. = 나는 (결국) 보통 7시쯤에 일어난다.

→ End up 동사-ing = (결국) ~하게 되다

현주차 학습내용 You'll **end up with anxiety** or **depression**.

→ 구동사 End up의 새로운 패턴 = End up with 명사/명사로 끝나는 것

= (결국) ~하게 되다

End up 동사-ing

연습 눈이 펑펑 내려서 (결국) 집에서 텔레비전 봤어.

= It snowed heavily. So we **ended up watching TV** at home.

I missed my flight. So I **ended up spending the night** at the airport.

= 비행기를 놓쳐서 (결국) 공항에서 밤을 보냈어.

End up with 명사/명사로 끝나는 것

연습 대부분의 시간 동안 그늘에 머물렀는데 (결국) 햇볕에 그을렸어.

= I stayed in the shade most of the time, but I **ended up with a suntan.** (또는 I **ended up getting a suntan**.)

If you keep procrastinating, you'll **end up with more stress**.

= 계속 미루면 (결국) 스트레스만 더해질 거야.

전략 2 동사 학습법 동사의 패턴을 익힐 때 동사의 기본 의미에서 연결시키자.

[You'll likely **grow to hate** your job and end up with anxiety or depression.]

Grow의 사용 가능한 패턴 = Grow to 동사 = 점차 ~하기 시작하다

Grow의 기본 의미 = (크기, 양 등이) 커지다, 증가하다

→ 'Grow to 동사' 의미 = 점차 ~하기 시작하다

Grow의 기본 의미와 예시문장

(1) (사람, 동물이) 자라다

Jenny'**s growing** so fast.

= 제니는 너무 빨리 자라고 있어.

(2) (머리, 손톱, 발톱 등을) 기르다

내 손톱은 너무 빨리 자란다.

= My fingernails **grow** so quickly.

나 머리 기르고 있는 중이야.

= I'm letting my hair **grow**. → let 동사 패턴

(3) (식물을) 재배하다

아파트에서 토마토 기르는 방법

= How to **grow tomatoes** in an apartment

(4) (비즈니스) 성장하다, 커지다

한국의 커피 시장은 급속도로 성장해 왔다.

= The Korean coffee market **has grown** so rapidly.

정리

동사 패턴 학습법

(1) 동사(예 : grow)의 기본 의미를 먼저 파악할 것

(2) 동사의 기본 의미와 연결시켜 동사의 (확장된) 사용 패턴(예 : grow + to 동사)과 의미를 익히기

전략 3 **전치사 학습법** **전치사는 한 개 이상의 어휘로도 구성된다. 하지만 빠른 발화, 작문을 위해 하나의 어휘로 익히자.**

전치사의 사용 패턴 = 전치사 + 명사/명사로 끝나는 것

(1) 한 개 어휘로 구성된 전치사

= at, as, about, after, by, during, despite, for, from, in, into, like, of, on, onto, to, than, with

(2) 두 개 (이상의) 어휘로 구성된 전치사

= next to (~옆에) (11주차)

[Make time for yourself **away from** your job.]

= 직장**에서 떨어져** 여러분을 위한 (=본인을 위한) 시간을 만들어 보세요.

→ Away from (Away = 분리, From = 근원) = ~에서 떠나서

[Focus on something **outside of** work.]

= 직장 **외의(밖의)** 일에 관심을 두세요.

→ Outside of (Outside = ~밖에, Of = ~의) = ~의 밖의, 외의

[Doing things you enjoy will shift your focus **from** negative **to** positive thoughts.]

= 여러분이 즐기는 일을 하는 것은 여러분의 초점을 부정적인 생각**에서** 긍정적인 생각**으로** 전환해 줄 것입니다.

→ From A to B (From = 근원, To = 방향) = A에서 B로

[Try not to vegetate **in front of** the TV.]

= 텔레비전 앞에서 무료한 시간을 보내지 않도록 하세요.

→ In front of (In = ~안에, 위치에, Front = 앞면, 앞부분, 앞쪽, Of = ~의) = ~의 앞에

정리 전치사는 한 개 어휘 또는 여러 어휘로도 구성됨

여러 어휘로 구성된 전치사는 개별 어휘의 핵심 의미를 토대로 전체 의미 이해 가능.

하지만, 사용할 때 바로 나올 수 있도록 하나의 어휘로 익혀 두기

전략 4 **한국어와 영어의 차이를 이해하자 영어의 어순은 [피수식어 + 수식어]이다.**

(+ '동사'를 '주어' 자리에 넣을 때는 '동사–ing'의 형태가 되어야 한다.)

[**Doing things you enjoy** will shift your focus from negative to positive thoughts.]

(한국어) 여러분이 즐기는 + 일

수식어 피수식어

(영어) Things + you enjoy

피수식어 수식어

Doing things you enjoy = 여러분이 즐기는 일을 **하는 것** (위 문장에서 '주어' 역할을 함)

(비교) **Do** things you enjoy. = 여러분이 즐기는 일을 **하라.**

→ '동사'를 '주어' 자리에 넣을 때 '동사–ing'의 형태를 잊지 말자.

연습 **당신이 싫어하는 일을 하는 것은** 스트레스가 된다.

하지만 (그것은) **당신이** 정신적으로 **성장하는데 도움을 줄 것이다.**

= **Doing things you hate** is stressful. But it will **help you grow** mentally.

→ Help + 명사/대명사 + 동사원형 = ~가 ~하도록 도와주다

위 강의 내용을 바탕으로 우리 지문에 사용된 아래 긴 문장을 해석하면?

Doing things you enjoy / will **help you shift your focus** / from negative to positive thoughts.

= 여러분이 즐기는 일을 하는 것은 / **여러분이 여러분의 초점을 전환하는데 도움을 줄 것이다** / 부정적인 생각에서 긍정적인 생각으로

외국어는 반복연습이다 : 다음 의미를 영어로 표현할 수 있나요?

1 직장에서의 스트레스는 흔한 일입니다. = *Stress at work is common.*

2 나 머리 기르고 있는 중이야. = *I'm letting my hair grow.*

3 텔레비전 앞에서 무료한 시간을 보내지 않도록 하세요. = *Try not to vegetate in front of the TV.*

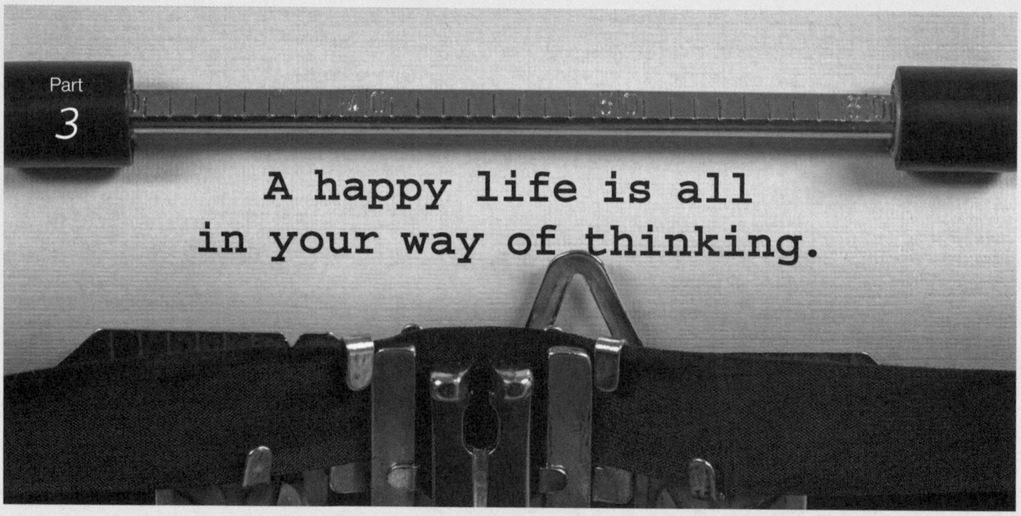

영어학습전략

1 한국어와 영어의 차이를 이해하자 : 영어의 어순은 [피수식어 + 수식어]이다.

2 원어민이 사용하는 다양한 표현에 노출되자. + 반고정청크로 학습하자.

The life you want is up to you.

▸ 여러분이 원하는 삶은 여러분에게 달려 있습니다.

Choose to be happy or sad, and to be happy, first, be positive.

▸ 행복하기로 할지 슬퍼하기로 할지 (둘 중에 하나를) 선택하세요. 그리고 행복해 지고 싶다면 (=행복해지려면) 먼저 긍정적으로 생각하세요.

And try to stay positive by practicing helpful tips every day.

▸ 그리고 매일 도움이 되는 조언들을 실천하면서 긍정적으로 지내도록 노력하세요.

A happy life is within your reach.

▸ 행복한 삶은 여러분 가까이에 있습니다.

As some philosophers have said, "Very little is needed for a happy life. It is all within yourself, in your way of thinking."

▸ 몇몇 철학자들이 말했듯이 (=지금껏 말해 왔듯이) "행복한 삶을 위해 필요한 것은 거의 없습니다. 행복한 삶은 여러분 자신 안에, 여러분의 사고방식에 있습니다."

전략 1 **한국어와 영어의 차이를 이해하자** **영어의 어순은 [피수식어 + 수식어]이다.**

[**The life you want** is up to you.]

(한국어) 여러분이 원하는 + 삶 (수식어 + 피수식어)

(영어) The life + you want (피수식어 + 수식어)

→ 정관사 the의 사용 = '여러분이 원하는 특정한 삶' (비교) **Life** you want **(X)**

연습

(자녀가 엄마에게)

이게 **제가 원하는 원피스**예요.

= This is **the dress I want**.

(엄마가 자녀에게)

이게 **네가 원하는 원피스**야?

= Is this **the dress you want**?

이게 **네가 입고 싶은 원피스**야?

= Is this **the dress you want to wear**?

(인터넷 쇼핑 중 옆에 있는 친구에게)

이게 **내가 원하는 구두**야.

= These are **the shoes I want**.

이게 **내가 사고 싶은 구두**야.

= These are **the shoes I want to get / buy**.

저게 **네가 원하는 구두**야?

= Are those **the shoes you want**?

저게 **네가 사고 싶은 구두**야?

= Are those **the shoes you want to get / buy**?

어, 저건 **내가 산 셔츠**인데.

= Oh, that's **the shirt I bought / got**.

전략 2 **원어민이 사용하는 다양한 표현에 노출되자. + 반고정청크로 학습하자.**

[The life you want **is up to you**.]

(Something) is up to (somebody) = ~는 ~에게 달려 있다, ~는 ~의 결정이다

아내: What do you want for dinner tonight?

= 오늘 저녁으로 뭐 먹고 싶어?

남편: Anything is okay. **It's up to you**. (= **It's your call**. = You can decide.)

= 아무거나 괜찮아. 당신이 결정해.

친구1: 어떤 영화 보고 싶은데?

= What movie do you want to see?

친구2: 내가 결정해도 돼? (= 나한테 달린 거야?)

= **Is it up to me**? (= **Is it my call**? = Can I decide?)

자녀: 오늘 밤에 제니 집에서 자도 돼요?

= Can I sleep over at Jenny's (= Jenny's place) tonight?

아빠: 난 결정권이 없어. 엄마한테 물어봐.

= **It's not up to me. It's up to your mom**.

(= **It's not my call**. = I can't decide.)

여러분이 원하는 삶은 / **여러분에게 달려 있습니다**. = The life you want / **is up to you**.

외국어는 반복연습이다 : 다음 의미를 영어로 표현할 수 있나요?

1 행복하기로 할지 슬퍼하기로 할지 (둘 중에 하나를) 선택하세요. = *Choose to be happy or sad.*

2 여러분이 원하는 삶은 여러분에게 달려 있습니다. = *The life you want is up to you.*

3 행복한 삶은 여러분의 사고방식에 있습니다. (=행복은 생각하기 나름이다) = *A happy life is all in your way of thinking.*

How to Think Positive to be Happy

"Think positive. It will make your life better." For some of you, this may sound like a cliché, but many researchers have found this to be the case in health, work, and sports. How then does one think and stay positive? Actually, positive thinking does require some training. While it is easy to think positively when things go well, it is difficult to do so when things go wrong. What's more, humans naturally pay more attention to negative experiences than positive ones. For instance, we tend to recall insults much better than praise. Likewise, bad first impressions are difficult to forget. And past traumas often have such lingering effects that they stay with us for a long time. So it is very important to train our minds to focus on the positive. Here are three practical tips.

First, be thankful every day. Whether you realize it or not, there are so many wonderful things in your life. For one thing, you have a healthy, fully functioning body. Your legs and feet let you walk, run, or play your favorite sports on the weekend. Your hands and fingers let you function well at work. You can type on the computer and send text messages to your colleagues. You can also flip pages of your favorite novels and drink a glass of water as soon as you feel thirsty. If you reflect on these things every day, you will feel grateful and more positive about your life.

Second, keep in mind that your thoughts can become your reality. For example, if you believe that you are incapable of doing something work or health-wise, you are limiting your potential. And you'll likely put less effort in it. The results will be obvious. If you want to achieve something, first think positively, then take action and give it your best shot. Your life will begin to change the moment you change your thinking.

Third, make time for yourself away from your job. We spend 8 hours or so a day at work, and stress at work is common. But if you let it persist, you'll likely grow to hate your job and end up with anxiety or depression. To prevent this, focus on something outside of work. Do yoga or meditation. Or find hobbies and invest some regular time and effort on them. Doing things you enjoy will help you shift your focus from negative to positive thoughts. Try not to vegetate in front of the TV.

The life you want is up to you. Choose to be happy or sad, and to be happy, first, be positive. And try to stay positive by practicing helpful tips every day. A happy life is within your reach. As some philosophers have said, "Very little is needed for a happy life. It is all within yourself, in your way of thinking."

Review

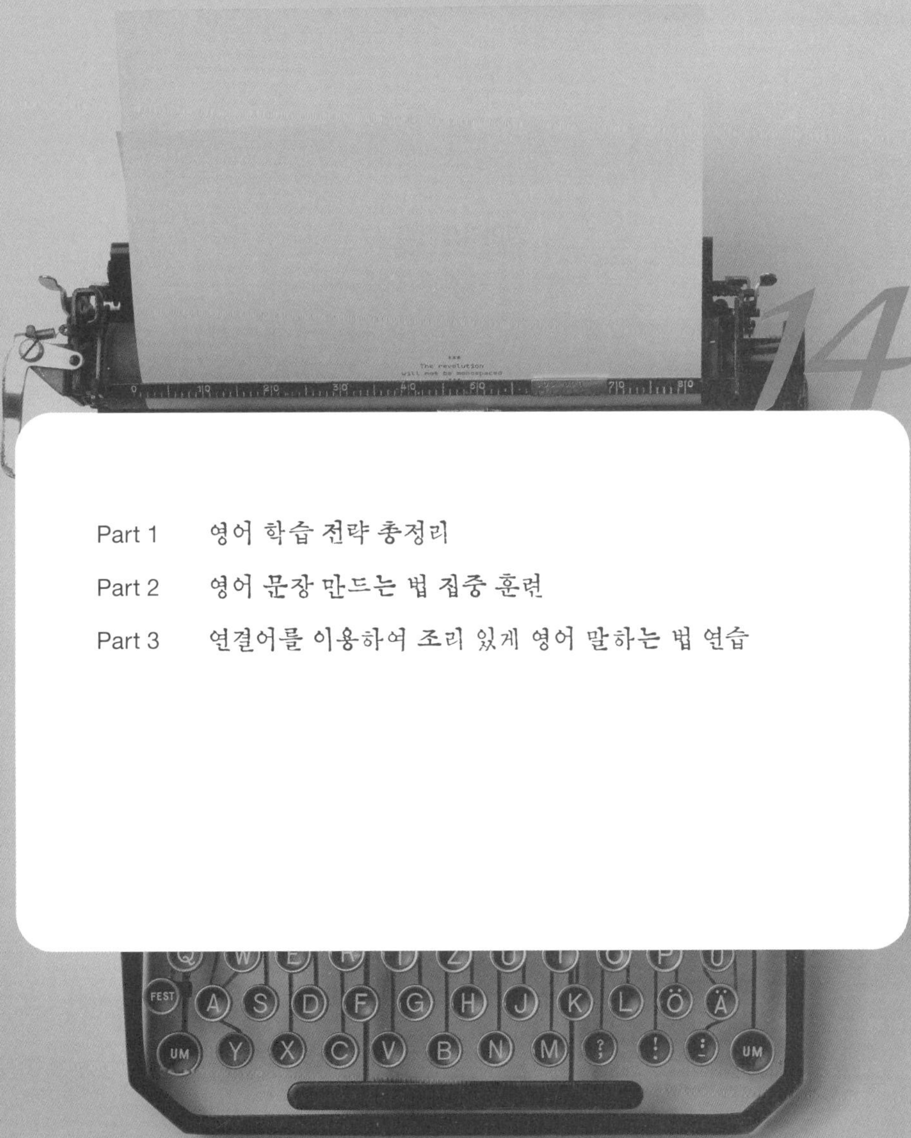

Part 1 영어 학습 전략 총정리

Part 2 영어 문장 만드는 법 집중 훈련

Part 3 연결어를 이용하여 조리 있게 영어 말하는 법 연습

Part 1

영어 학습 전략 총정리

영어학습전략

1 영어 학습 전략을 총정리하여 앞으로의 영어 학습에 적용하자.

전략 1 어휘 학습법

(1) 어휘의 의미는 기본 의미와 연결시켜 익히자 : 효율적인 어휘 학습이 된다.

(2) 어휘의 성격을 파악하자 : 여러 어휘의 뭉치로 익혀야 하는 어휘들이 있다.

(3) 어휘의 품사를 확인하자 : 원리를 통한 문장 생성과 정확한 표현을 구사할 수 있다.

(4) 어휘의 발음과 강세를 확인하자 : 잘못된 발음과 강세는 의사소통에 장애가 된다.

(5) 어휘의 사용 패턴을 확인하자 : 문장으로 익히면 의사소통 시 바로 사용 가능하다.

(6) 자주 사용되는 접사를 익히자 : 단시간에 어휘력을 늘리고 오래 기억할 수 있다.

(7) 다양한 어휘, 표현에 노출되어 어휘력, 표현력을 늘리자 : 언어의 표현법은 다양하다.

→ 어휘를 안다는 것의 의미는? 어휘의 의미만 아는 것은 소극적이고 비효율적인 어휘 학습법이다. 어휘를 안다는 것의 의미는 의미에 더해 발음(강세), 철자, 어휘의 구성 요소인 접사, 문장에서의 어휘의 사용 환경(패턴) 등을 폭넓게 이해하고 있음을 의미힌디.

→ 어휘의 사용 환경(패턴)에 대한 데이타 베이스를 축적하는 방법은?
이전에 학습한 어휘에 다시 노출될 경우 같은 환경에서의 사용인지, 다른 환경에서의 사용인지에 주목하여 어휘의 사용 환경과 의미를 재정리하여 확장시켜 나가자.

전략 2 동사 학습법

(1) 규칙 동사와 불규칙 동사로 구분하여 익히자 : 정확한 동사의 형태를 사용할 수 있다.

(2) 동사의 사용 패턴을 익히자 : 정확한 문장의 구사, 의사소통 시 문장으로 발화가 가능하다.

(3) 동사의 사용 패턴을 익힐 때 동사의 기본 의미에서 연결하여 익히자 :
어휘력을 확장시킬 수 있고 오래 기억할 수 있다.

(4) 구동사 학습법 : 의미가 나열된 리스트 암기를 피하고 노출이 될 때마다 문장으로 익히자.

(5) 조동사 학습법 : 여러 조동사를 모아서 의미를 비교하고 사용 환경을 익히자.

(6) 시제 학습법 : 다른 시제와 비교하면서 익히자. 시제 간 차이를 정확히 이해할 수 있다.

전략 3 명사 학습법

(1) 해당 명사와 주로 사용되는 다른 어휘들을 함께 익히자 : 의사소통 시 의미는 문장으로 전달되기 때문이다.

→ 명사와 친한 어휘의 품사 : 동사, 형용사, 전치사, 다른 의미의 명사

(2) 셀 수 있는 명사인지 셀 수 없는 명사인지 사전을 통해 확인하자.*

전략 4 형용사 학습법

(1) 해당 형용사와 함께 사용되는 전치사를 익히자 : 의사소통 시 의미는 문장으로 전달된다.

(2) 해당 형용사의 비교급, 최상급을 확인해 두자 : 비교급, 최상급은 주로 형용사로 표현된다.**

(3) 형용사가 취하는 문장 구성 패턴을 익히자 : 동사뿐만 아니라 형용사도 문장 구성 패턴을 결정한다.

전략 5 전치사 학습법

(1) 개별 전치사의 핵심 의미를 익힌 후에 이를 확장시켜 관련 표현들을 익히자.

(2) 전치사는 개별 어휘의 형태로도 존재하지만 한 개 이상의 어휘로도 구성된다 :

빠른 작문, 발화를 위해서는 하나의 어휘로 익혀 두자.

---

* 어휘는 의미가 다양하며 의미(=어휘가 사용된 맥락)에 따라 셀 수 있는 명사인지 셀 수 없는 명사인지가 결정됨
→ (예시) 6주차에 학습한 an iced Americano, an ice cream
→ (사전 기호) C = Countable (셀 수 있는) U = Uncountable (셀 수 없는)

** 물론 명사, 부사도 비교급, 최상급으로 사용 가능함

전략 6 영어 문장 구성 전략

(1) 영어 문장의 기본 어순은 [주어 + 동사 (+ 목적어)]이다 :

의미적으로 추가하고 싶은 요소들은 문장 앞, 뒤에 위치시키자.

(2) 2개 동사 연결 방법 :

한국어 어순을 기준으로 마지막에 위치하는 동사가 2개 동사 연결의 기준 패턴이 된다.

(3) '수식어, 피수식어'의 관계를 표현할 경우, 영어의 가능한 어순은 [피수식어 + 수식어]이다.*

(4) 동사를 명사의 성질로 변경해야 할 경우 방법은 :

① 동사를 동사-ing의 형태로 변경한다.

② 동사를 to 동사로 변경하고, 가주어 it 사용이 가능하다. → It is 형용사(관사 + 형용사 + 명사) to 동사

(5) 언어는 경제성의 원칙을 따른다 : 반복되는 부분은 생략하여 문장을 만들자.**

(6) 반고정청크로 학습하자 : 어휘만 변경하면 거의 무제한의 문장 생성이 가능하다.

반복 연습은 문장 발화/작문 속도를 높여 주므로 유창성에 도움이 된다.

전략 7 영어 문장 해석 전략

(1) 기본적으로 문장 안의 [주어 + 동사 (+ 목적어)]를 파악하자 : 문장 구성의 핵심 요소이기 때문이다.

(2) 위 전략을 사용한 후에도 문장 해석이 어색할 경우 취할 수 있는 추가적인 방법은:

① 어휘의 사용 패턴을 확인하자 : 같은 어휘라도 문장에서의 의미와 역할은 다양하다.

② 개별 어휘가 아닌 여러 어휘의 뭉치로 접근해 해석해 보자.

③ 문장에서 생략된 부분이 있는지 확인해 보자 :

언어는 경제성의 원칙에 따라 반복되는 것은 생략하는 경향이 있기 때문이다.

④ 문장들 간의 내용 흐름을 파악하자 : 특히 대명사가 지칭하는 것은 해당 문장의 앞, 뒤를 살펴보자.

(대명사 예시 : it, this, these, that, those, one, she, he, her, him, they, them, which)

---

* 물론 영어도 [형용사 + 명사]의 어순으로 사용될 때는 [수식어 + 피수식어]의 어순이 됨

** 물론 항상 생략하는 것은 아님. 생략되지 않는 환경도 존재함

전략 8 자연스러운 영어 구사 전략

(1) 한국어를 영어로 표현할 때 1:1 (단어 대 단어)의 대응을 피하자:

한국어의 의미를 전체적으로 파악한 후 영어식의 표현으로 바꾸자.

(2) 영어는 대명사의 사용이 자연스럽다: 반복되는 것은 대명사로 바꾸자.

(3) 영어는 소유격의 사용이 자연스럽다: 소유격이 문장에서 명시됨을 기억하자.

(4) 연결어를 사용하여 내용 간의 흐름이 논리적이고 자연스럽게 이어지도록 하자.

(5) 정확성(문법)과 적절성을 구별하자:

① 상황에 적절한 어휘 및 표현을 사용하자.

→ 상대방과 나의 관계를 고려하여 적절한 영어를 구사하자. (격식적 VS 비격식적)

② 능동태 VS 수동태: 화자의 의도 또는 상황(맥락)에 따라 언어 사용(태)의 적절성이 결정된다.

전략 9 한국인 학습자의 영어 오류 방지 전략

(1) 영어는 관사가 존재함을 기억하자.

(2) 영어는 주어에 따라 (특히 3인칭 단수에 현재시제일 때) 동사의 형태가 변함을 기억하자.

(3) 영어는 단, 복수의 구별이 엄격하고 다양한 복수형이 존재함을 기억하자.*

전략 10 입력자료(Input) 활용법 (입력자료 = 듣고 읽은 내용)

(1) 지문에서 특정 어휘가 반복될 때 그 어휘의 사용 환경에 주목하여 사용 패턴을 유추하자.

(2) 지문에 사용된 샘플 문장들을 비교하여 공통점을 파악하자: 간단한 언어 규칙은 스스로 파악할 수 있다.

---

* 추가로, 한국어를 영어로 표현할 때 1:1 (단어 대 단어) 대응을 피하면 오류를 방지할 수 있다.

전략 11 출력자료(Output) 활용법 (출력자료 = 말하고 작문한 내용)

(1) 발화, 작문 시도를 통해 자신의 현재 영어 시스템에서 부족한 부분을 지속적으로 파악하고 보완하자 : 직접 발화, 작문을 시도하지 않으면 무엇이 부족한지 알 수 없다.

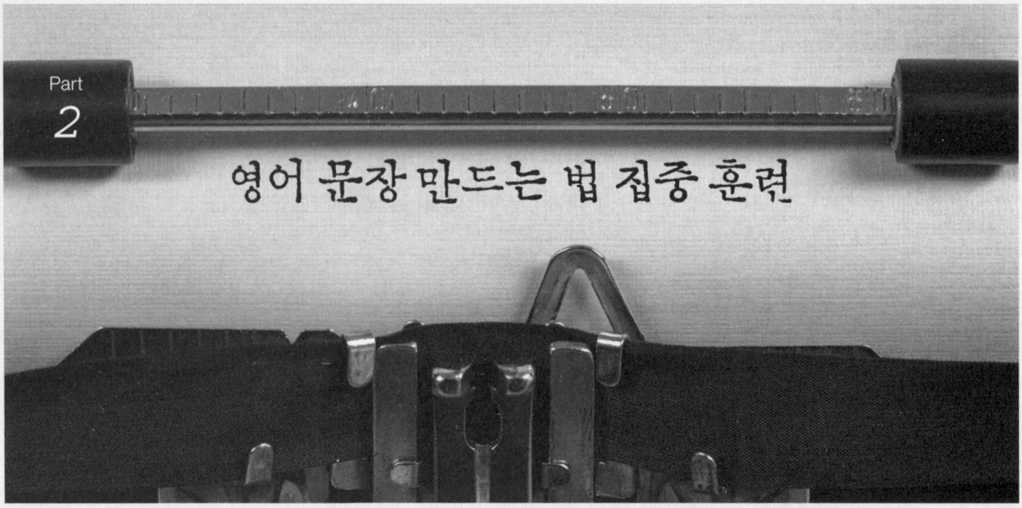

영어학습전략

1 영어 문장 만드는 법을 집중 훈련하여 정확하고 자연스러운 영어를 구사하자.

활용 1 2, 3주차 인터뷰 장르 문장 활용

1 안녕하세요. 저는 박준석이라고 합니다. 저도 1학년입니다.

= Hello, I'm Junseok Park. I'm **a** freshman, too. → 영어는 관사가 존재한다.

2 왜 제가 영어를 공부하기를 원하냐고요?

= Why do I **want to study** English?

(주어 + 동사 + 목적어)

→ 2개 동사 연결 방법 : 한국어 어순을 기준으로 마지막에 위치하는 동사를 2개 동사 연결의 기준 패턴으로 하자.

3 우선 한 가지 이유는 저는 (미국에) 출장을 자주 다닙니다.

= For one thing, I **go on frequent business trips** (to the US).

(표현/사용패턴)

4 그래서 영어에 관심이 생겼어요.

= So I got **interested** **in** English.

(표현/사용패턴)

→ 형용사와 함께 사용되는 전치사를 익히자 : 문장 요소 간의 연결을 정확히 할 수 있다.

5 저는 제 자신을 (영어로) (유창하게) 표현하고 싶어요.

= I **want to express** myself (in English) (fluently).

(주어 + 동사 + 목적어)

6 또한 고등학교를 졸업한 후에 회사에 입사하여

= Also, after I **graduate**d **from high school**, I joined my company and
(접속사) (주어 + 동사) (주어 + 동사 + 목적어)

대학을 다니지 않았습니다.

didn't attend college.
(+ 동사 + 목적어)

주어 I 생략

→ 언어는 경제성의 원칙에 따라 반복되는 부분은 생략하는 경향이 있다.

7 그래서 이번에 대학교육을 받고 싶고 학위도 받고 싶습니다.

= So, this time, I **want to get** a university education and a degree, as well.
(접속사) (주어 + 동사 + 목적어) (+ 목적어)

(주어 + 동사 I want to get) 생략

8 안녕하세요 여러분. 저는 오수민이라고 합니다. 저는 2학년입니다.

= Hi everyone. I'm Sumin Oh. I'm **a** sophomore.

9 만나서 반갑습니다.

= It's **good** to meet you. (= It's **great** to meet you.) → 언어의 표현법은 다양하다.

10 저는 (서울에 있는) (백화점의) 영업부 책임자입니다.

= I'm **a** sales manager (at a department store) (**in** Seoul).

→ 한국어와 영어의 차이를 이해하자 : 한국어는 큰 단위에서 작은 단위로, 영어는 작은 단위에서 큰 단위로 문장이 연결된다.*

* 추가예시: A : Where are you from? B : 한국의 서울에서 왔어요. = Seoul, South Korea (O) South Korea, Seoul (X)

11 박준석씨와는 다르게 저는 해외에 나갈 필요는 없습니다.

= Unlike Mr. Park, I **don't have to** go abroad.

(표현/어휘의 뭉치)

→ 어휘의 성격을 파악하자 : 여러 어휘의 뭉치로 익혀야 하는 것들이 있다.

12 그러나 저는 (직장에서) (종종) 외국인 고객들을 만납니다.

= But I (often) meet foreign customers (at my work).

(접속사) (주어 + 동사 + 목적어)

13 그리고 그들이 영어를 할 때 제 머리 속은 하얘집니다.

= And when they **speak** English, **my mind goes completely blank**.

(접속사) (접속사) (주어 + 동사 + 목적어) (표현)

→ 한국어와 영어의 차이를 이해하자 : 영어는 주어에 따라 동사의 형태가 변한다. (주어가 3인칭 단수, 현재 시제일 경우)

14 저는 (외국 손님들의 요구를 더 만족시킬 수 있도록) 영어 실력을 향상시키고 싶습니다.

= I want to improve my English (to meet their needs better).

(주어 + 동사 + 목적어)

15 안녕하세요. 제 이름은 이호성입니다. 3학년입니다.

= Hello. **My name** is Hoseong Lee. I'm **a** junior.

(= **I'm** Hoseong Lee.) → 언어의 표현법은 다양하다.

16 사실은 저는 (이미) 대학 학위가 있습니다.

= Actually, I (already) have a university degree.

(주어 + 동사 + 목적어)

17 석사학위(도) 있고요.

= I (also) have my master's degree.
(주어 + 동사 + 목적어)

18 그런데 왜 한양사이버대학교에 지원을 했냐고요?

= So why did I **apply to** HYCU?
(접속사) (표현/사용패턴)

19 더 체계적인 교육을 받고 싶었고요.

= I want**ed** to get a more systematic education.
(주어 + 동사 + 목적어)

20 또 박준석씨처럼 저도 영어를 더 잘 해야 되거든요.

= Also, like Mr. Park, I need to **have a better command of English**.
(표현)

21 저는 (한국에 있는) (외국계 회사에서) 일하는데요.

= I work (at a foreign company) (in Korea).

→ 한국어와 영어의 차이를 이해하자 : 한국어는 큰 단위에서 작은 단위로, 영어는 작은 단위에서 큰 단위로 문장이 연결된다.

22 그래서 (Skype를 통해서) (외국인 동료들과) (자주) 회의를 합니다.

= So I (often) have meetings (with my foreign colleagues) (through Skype).
(접속사)(주어 + 동사 + 목적어)

23 저는 (또한) (영어로) 이메일을 많이 받고요.

= I (also) get a lot of emails (in English).
(주어 + 동사 + 목적어)

24 그리고 (답장을 하기 위해서는) (영어로) 써야 합니다.

= and (to respond), I **have to** write (in English).
(접속사) (주어 + 동사)

25 (여기서 공부하면서) 영어 실력이 향상되면 좋겠습니다.

= I hope my English improves (by studying here).
(주어 + 동사)

→ 동사의 사용 패턴을 익히자 : (hope + (that) 주어 + 동사)

정확한 문장을 만들 수 있고, 의사소통 시 문장으로 바로 발화할 수 있다.

26 안녕하세요. 저는 권미연이라고 합니다. 1학년 이고요.

= Hello. I'm Miyeon Kwon. I'm **a** freshman.

27 여러분 모두 만나서 반갑습니다.

= It's **nice** to meet you **all**.

→ 언어의 표현법은 다양하다.

28 저는 고등학생이었을 때 영어를 굉장히 좋아했어요.

= When I **was** in high school, I **loved** English.
(접속사) (주어 + 동사 + 목적어)

→ 영어식 표현에 노출되어 영어식 사고방식에 익숙해지자.

(한국어) 고등학생이었을 때 → (영어식 표현) 고등학교에 다닐 때 = When I was in high school

29 그래서 영어를 계속 공부하고 싶었습니다.

= So I wanted to keep studying it.
(접속사) (주어 + 동사 + 목적어)

→ 동사의 사용 패턴을 익히자 : (keep + 동사-ing)

정확한 문장을 만들 수 있고, 의사소통 시 문장으로 바로 발화할 수 있다.

→ 자연스러운 영어를 구사하려면 명사를 반복하지 말고 대명사를 사용하자. (it = English)

30 또 올해 제 아들이 (갓) 스무 살이 되었어요.

= Also, this year, my son (just) turn**ed** 20.

31 그래서 이제는 (저를 위해) (무언가를 할) 시간이 생겼어요.

= So now I have time (to do things) (for myself).
(접속사) (주어 + 동사 + 목적어)

→ 영어의 어순은 [피수식어 + 수식어]의 어순이다. (time + to do things)

32 몇 년 후에 가족과 저는 해외 여행을 할 계획이에요.

= In a few years, my family and I plan to travel abroad.

→ 동사의 사용 패턴을 익히자 : (plan + to 동사)

정확한 문장을 만들 수 있고, 의사소통 시 문장으로 바로 발화할 수 있다.

33 해외여행을 가게 되면 (유창하게 영어를 해서) (우리 가족의) 가이드가 되고 싶습니다.

= When we **do**, I hope to be **a** guide (for my family) (using my fluent English).

→ 자연스러운 영어는 반복을 피한다. (do = travel abroad)

→ 동사가 취하는 다양한 패턴을 익히자 : 다양한 방식으로 표현할 수 있다. (hope + to 동사)

활용 2 **4, 5주차 일기 장르 문장 활용**

1 매일 아침 나는 (잠자리에서 일어나려고) 몸부림을 친다.

= Every morning I struggle (to get out of bed).
(주어 + 동사)

2 알람은 (6시에) 울리지만 (바로) 깨지는 않는다.

= My alarm go**es** off (at 6 o'clock), but I don't wake up (right away).
(주어 + 구동사) (접속사) (주어 + 구동사)

→ 한국어를 영어로 표현할 때 1:1 대응을 피하자. (한국어) 알람 → (영어) 나의 알람

→ 영어는 소유격을 사용하여 누구의 것임을 명시한다.

3 (항상) 알람 버튼을 누르고 (곧바로) 다시 잠이 든다.

= I (always) hit the snooze button and (immedialely) **fall back asleep**.
(주어 + 동사 + 목적어) (접속사) (표현)

4 그건 (나에게 있어) 하나의 의식과도 같다.

= It's like a ritual (for me).

→ 반고정청크로 학습하자 : 거의 무제한의 문장을 만들 수 있다. (It's like + 명사로 끝나는 것)

5 (이 습관을 깨려고) (매번) 노력해왔지만 (항상) 실패해왔다.

= I have (always) tried (to break this habit) but have (always) failed.

6 힘든 싸움인 것 같다.

= I feel like it's **an uphill battle**. (it = trying to break this habit)
(표현)

→ 반고정청크로 학습하자 : 거의 무제한의 문장을 만들 수 있다. (I feel like 주어 + 동사)

7 나는 (보통) 늦잠을 자기 때문에 (항상) 서둔다.

= Since I (usually) sleep in. I'm (always) **in a rush**.

(접속사) (주어 + 구동사) (주어 + 동사) (표현)

8 (보통은) 토스트를 만들어서 (커피 한잔이랑) 먹는다.

= I (usually) make toast and have **it** (with a cup of coffee).

(주어 + 동사 + 목적어) (접속사) (+ 동사 + 목적어)

→ 한국어를 영어로 표현할 때 1:1 대응을 피하자.

(한국어 = '토스트를' 목적어 생략 가능 VS 영어 = '먹다'는 타동사, 목적어가 필요함

→ 영어 동사가 자동사인지 타동사인지 항상 확인할 것*)

→ 자연스러운 영어를 구사하려면 명사를 반복하지 말고 대명사를 사용하자. (it = toast)

9 시간이 (좀) 있으면, 요리도 (조금) 한다.

= If I have (a bit of) time, I do (a little) cooking.

(주어+ 동사 + 목적어) (주어 + 동사 + 목적어)

10 올리브 오일을 넣고 (깍둑 썬) 토마토와 양파를 기름에 볶는다.

= I put in olive oil and fry (some diced) tomatoes and onions.

(주어 + 구동사 + 목적어) (접속사) (+ 동사 + 목적어)

11 하지만 (정말) 시간이 부족하면

= But if I'm (really) **short on time**.

(접속사) (접속사) (주어 + 동사) (표현)

---

* 물론 자동사, 타동사 모두 가능한 동사들도 있음

12 (그냥) 귀리가루를 (냉장고에서) 꺼내 (물과) 섞는다.

= I (just) take some oat flour (out of the fridge) and mix it (with water).
(주어 + 동사 + 목적어) (접속사) (+ 동사 + 목적어)

13 그리고 (빨리) 마셔 버린다.

= Then I drink it up (quickly*). (it = 물에 탄 귀리가루)
(주어 + 구동사 + 목적어)

14 아침을 먹은 후에 나는 (출근) 준비를 한다.

= After I have breakfast,
(접속사)

= After breakfast, I **get myself ready** (for work).
(전치사) (주어) (표현/사용패턴)

→ 어휘의 다양한 품사를 익히자 : 다양한 방식으로 영어를 표현할 수 있다.

15 양치를 하고, 옷을 입고, 머리를 만지고, 화장을 한다.

= I brush my teeth, **get dressed**, do my hair, and put on make-up**.
(주어 + 동사 + 목적어) (표현/사용패턴) (+ 동사 + 목적어) (접속사) (+ 구동사 + 목적어)

→ 영어는 소유격을 사용하여 누구의 것임을 명시한다.

(한국어) 양치를 하다, 머리를 만지다 (영어) 나의 양치를 하다, 나의 머리를 만지다

→ 언어는 경제성의 원칙에 따라 반복되는 부분은 생략하는 경향이 있다. (주어 I, 3번 생략되었음)

---

* 부사의 위치는 문미도 가능함

** put on make-up의 경우, 만약 put on my make-up으로 표현하면 일상 루틴에서의 화장이 아닌 나만이 하는 무언가 특별한 스타일의 화장으로 이해될 수 있음

16 집을 나서기 전에 열쇠와 전화기를 챙긴다.

= Before I head out, I grab my keys and phone.

(접속사) (주어 + 구동사) (주어 + 동사 + 목적어)

17 (또) (가방에) 지갑이 있는지 확인한다.

= I (also) make sure I have my wallet (in my bag).

(주어 + 동사가 포함된 어휘 뭉치) (주어 + 동사 + 목적어)

→ 어휘의 사용 패턴을 익히자 : (make sure + (that) 주어 + 동사)

정확한 문장을 만들 수 있고, 의사소통 시 문장으로 바로 발화할 수 있다.

18 외출할 때 지갑 챙기는 것을 (자주) 잊어버리기 때문이다.

= I (often) forget to take it when I go out.

(주어 + 동사 + 목적어) (접속사) (주어 + 구동사)

I also make sure I have my wallet in my bag. When I go out, I often forget to take it.

(신정보)

it = my wallet(구정보)

(비교) I also make sure I have my wallet in my bag. I often forget to take it when I go out.

it = my wallet(구정보)

(신정보)

→ 구정보와 관련된 의미가 계속 진행되면서 신정보는 뒤에 제시하는 것이 더 자연스러움

19 직장은 지하철 2개 역 거리 밖에 되지 않아서 (보통) 걸어서 출근한다.

= I (usually) walk to work because it's only **two subway stations away**.

(주어 + 동사) (접속사) (표현/사용패턴) (it = my work)

20 어떤 날은 (정말) 급하면 택시를 잡는다.

= Some days, I catch **a** taxi if I'm (really) **in a rush**.

(주어 + 동사 + 목적어) (접속사) (주어 + 동사) (표현)

→ 영어는 관사가 존재한다 : 관사 사용을 잊지 말자.

21 점심은 (보통) (동료들과 함께) (식당에) 간다.

= **For lunch**, I (usually) go (to a restaurant) (with my colleagues).

(주어 + 동사)

22 오후 6시쯤에는 집에 갈 준비를 한다.

= At around 6pm, I **get ready** **to** go home.

(주어) (표현/사용패턴)

→ 동사뿐 아니라 형용사의 사용 패턴도 확인하자. (ready + to 동사)

23 (바로) 집으로 가지는 않는다.

= I don't **head** **home** (directly).

(주어 + 동사) (부사 O, 명사 X)

→ 어휘의 다양한 품사를 알면 실수를 피할 수 있다.

24 (보통) (몇 가지) 볼일을 보는데 예를 들면 장을 보는 것이다.

= I (usually) run (a few) errands like picking up groceries.

(주어 + 동사 + 목적어) (전치사)

→ 전치사의 사용 패턴을 이해하자 : (전치사 + 명사/명사로 끝나는 것)

→ 동사를 명사의 성질로 바꿔야 할 경우 가능한 방법은 동사-ing의 형태로 변경하는 것이다.

25 또는 (세탁소에서) 세탁물을 찾아온다.

= Or I pick up my laundry (from the dry cleaner's).
(접속사) (주어 + 구동사 + 목적어)

26 집에 오는 길에는 (근처 어딘가에서) 저녁을 먹는다.

= On my way back home, I have dinner (some place nearby).
(주어 + 동사 + 목적어)

27 아니면 포장 주문을 한다.

= Or I **order it to go**.
(접속사) (표현 = order 음식 to go) (it = dinner)

28 집에 와서 제일 먼저 하는 일은

= The first thing I do when I get home is
(주어 + 동사)

손을 씻고 옷을 갈아입는 것이다.

wash my hands and change my clothes.

= The first thing I do when I get home is to wash my hands and to change my clothes.

to 동사 = ~하는 것 → 위 문장의 문형에서는 to 생략 가능

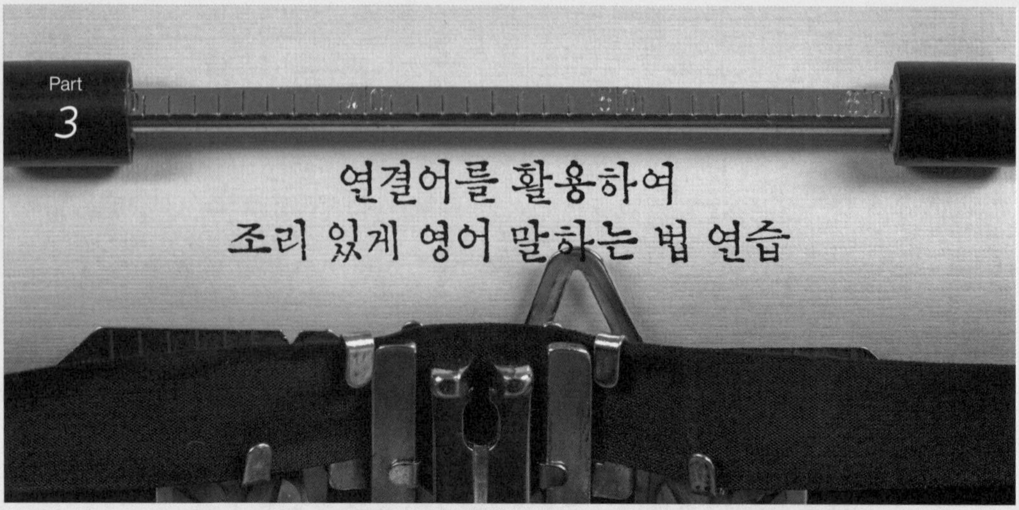

Part 3

연결어를 활용하여 조리 있게 영어 말하는 법 연습

영어학습전략

1 연결어를 이용하여 논리적이고 이해하기 쉬운 영어를 구사하자.

활용 1 **2주차 인터뷰 답변 활용**

Hello. I'm Junseok Park. I'm a freshman, too. Why do I want to study English?*

For one thing, I go on frequent business trips to the US.

(우선 한 가지 이유로는 저는 미국에 출장을 자주 다닙니다.)

→ 앞의 질문 Why do I want to study English?에 대한 **첫 번째 이유를 제시하는 연결어**

So I got interested in English.

(그래서 영어에 관심이 생겼어요.)

→ 앞 문장 I go on frequent business trips to the US로 인한 결과를 나타내는 연결어

I want to express myself in English fluently.

(저는 제 자신을 영어로 유창하게 표현하고 싶습니다.)

→ 내용 흐름상 연결어 없이도 어색하지 않음

Also, after I graduated from high school, I joined my company and didn't attend college.

(또한 고등학교를 졸업한 후 회사에 입사하여 대학을 다니지 않았습니다.)

→ 앞의 질문 Why do I want to study English?에 대한 **두 번째 추가 이유를 나타내는 연결어**

So, this time, I want to get a university education and a degree, as well.

(그래서 이번에 대학교육도 받고 학위도 받고 싶습니다.)

→ 앞 문장 after I graduated from high school, I joined my company and didn't attend college로 인한 결과를 나타내는 연결어

---

* 2주차에서 인터뷰 진행자가 "Then tell us why you decided to major in English."라고 질문을 한 상황에서 학생이 답변을 하는 상황임

활용 2 **3주차 인터뷰 답변 활용**

Hello, my name is Hoseong Lee. I'm a junior.

Actually, I already have a university degree.

(사실은 저는 이미 대학 학위가 있습니다.)

→ 이유를 제시하기 전에 **청자가 모르는(청자의 이해를 돕기 위해) 본인의 상황을 먼저 제시**

I also have my master's degree.

(석사학위도 있고요.)

→ 앞의 상황과 다른 상황을 추가로 제시함을 알리는 연결어

So why did I apply to HYCU?

(그런데 왜 한양사이버대에 지원을 했냐고요?)

→ 위 상황임에도 왜 대학에 지원했는지의 질문으로 자연스럽게 넘어가기 위한 연결어

I wanted to get a more systematic education.

(더 체계적인 교육을 받고 싶었습니다.)

→ 연결어 없이 **첫 번째 이유 제시** (질문에 대한 첫 번째 이유이므로 어색하지 않음)

Also, like Mr. Park, I need to have a better command of English.

(또 박준석씨처럼 저도 영어를 더 잘 해야 되거든요.)

→ **두 번째 추가 이유를 나타내는 연결어**

I work at a foreign company in Korea.

(저는 한국에 있는 외국계 회사에서 일하는데요.)

→ 연결어 없이 본인의 상황 제시 (내용 흐름상 연결어 없이도 어색하지 않음)

So I often have meetings with my foreign colleagues through Skype.

(그래서 Skype를 통해서 외국인 동료들과 자주 회의를 합니다.)

→ 앞 문장 I work at a foreign company in Korea로 인한 결과를 나타내는 연결어

I also get a lot of emails in English, and to respond, I have to write in English.

(저는 또한 영어로 이메일을 많이 받고요, 영어로 답장을 해야 합니다.)

→ 앞 문장 I work at a foreign company in Korea로 인한 추가 결과를 나타내는 연결어

I hope my English improves by studying here.

(여기서 공부하면서 영어실력이 향상되면 좋겠습니다.)

→ **앞으로의 바램을 나타내는 마무리 문장** (내용 흐름상 연결어 없이도 어색하지 않음)

활용 3 **3주차 인터뷰 답변 활용**

Hello, I'm Miyeon Kwon. I'm a freshman. It's nice to meet you all.

When I was in high school, I loved English.

(저는 고등학생이었을 때 영어를 굉장히 좋아했어요.)

→ 연결어 없이 **첫 번째 이유 제시** (질문에 대한 첫 번째 이유이므로 어색하지 않음)

So I wanted to keep studying it.

(그래서 영어를 계속 공부하고 싶었어요.)

→ 앞 문장 When I was in high school, I loved English로 인한 결과를 나타내는 연결어

Also, this year, my son just turned 20.

(또 올해 제 아들이 갓 스무 살이 되었어요.)

→ **두 번째 추가 이유를 나타내는 연결어**

So now I have time to do things for myself.

(그래서 이제는 저를 위해 무언가를 할 시간이 생겼어요.)

→ 앞의 문장 this year, my son just turned 20로 인한 결과를 나타내는 연결어

In a few years, my family and I plan to travel abroad.

(몇 년 후에 가족과 저는 해외 여행을 할 계획이에요.)

→ 내용 흐름상 **세 번째 이유를 제시하려는 의도였거나 또는 미래의 계획을 의도했을 가능성**

이 경우, 화자의 의도가 명확히 전달되도록 연결어를 사용하는 것이 좋음

When we do, I hope to be a guide for my family using my fluent English.

(해외여행을 가게 되면 유창하게 영어를 해서 우리 가족의 가이드가 되고 싶습니다.)

정리 문장 연결 시 연결어를 사용하면 청자가 내용 간의 관계를 쉽게 이해할 수 있음

만약 연결어 없이도 내용의 흐름이 자연스러우면 연결어는 사용하지 않아도 됨

하지만 여러 의도로 해석될 가능성이 있으면 연결어를 사용하는 것이 좋음

박수정
미국 University of Illinois at Urbana-Champaign 영어교육학 석사/박사
미국 University of Illinois at Urbana-Champaign 산하 ESL 프로그램 강사
미국 University of Illinois at Urbana-Champaign MATESL 대학원 강의교수
현 한양사이버대학교 영어학과 교수

—

[저서]
Contextual English Vocabulary & Grammar for Koreans : Sentences, Dialogs, & Stories

HANYANG UNIVERSITY PRESS

INTRODUCTION TO
ENGLISH LANGUAGE LEARNING STRATEGIES
FOR KOREAN LEARNERS

펴낸날 2020년 12월 30일 초판 1쇄 ● 2026년 2월 10일 초판 3쇄
지은이 박수정 ● **펴낸이** 이기정
펴낸곳 한양대학교출판부 ● **출판등록** 제4-7호(1972.2.29)
주소 서울 성동구 왕십리로 222 ● **전화** 02.2220.1432-4 ● **팩스** 02.2220.1435
홈페이지 press.hanyang.ac.kr ● **이메일** presshy@hanyang.ac.kr
편집·본문디자인 김민지 ● **표지** 안광일 ● **인쇄** 네오프린텍

값 22,000원

ISBN 978.89.7218.706.6 (93740)